Affronter les coups du sort

Pierre d'Elbée

AFFRONTER LES COUPS DU SORT

Petit traité de résilience

ARTÈGE

Éditions Artège
9, espace Méditerranée – 66000 Perpignan
10, rue Mercœur – 75011 Paris

www.editionsartege.fr

ISBN : 979-10-336-1491-3
EAN Epub : 9791033615200

La résilience n'est pas une formule magique !

La résilience est un phénomène universel dans la nature. Il constitue une réaction adaptée à un choc subi qui aurait pu détruire un être naturel. Étymologiquement, le mot *résilience*, aux racines indo-européennes, concerne *le saut.* On retrouve cette racine dans le latin *saltus,* « le saut », d'où vient le verbe *exulter*, « bondir », « être transporté de joie ». On l'aperçoit également dans le mot *resilire*, « sauter en arrière », « reculer », « renoncer », « se dédire » qui a donné notre mot *résilier* (un contrat). Au XIXe siècle, le mot a pris le sens de « résistance d'un corps solide aux chocs ». L'anglais lui a donné une extension politique et psychologique, et c'est dans ainsi que Boris Cyrulnik a introduit ce mot en France, dans le sens de « ressort intime face aux coups de l'existence[1] ».

La survie est le préalable de la résilience. Ce n'est pas seulement la résilience de l'homme qui est en jeu, mais celle de son environnement, de la Nature : la vie

---

1. Cité dans Alain Rey, *dictionnaire historique et critique de la langue française,* tome II, article « Résilier », p. 2032, 2016, Le Robert. Tout ce paragraphe s'inspire largement de cet article.

naturelle nous montre des exemples de résilience remarquables qui nous la font mieux comprendre. À plusieurs reprises, la vie sur Terre a connu des hécatombes qui ont profondément modifié la biosphère. Tout le monde connaît la célèbre disparition des dinosaures il y a 65 millions d'années, probablement en raison de l'impact d'une météorite dans le Yucatán. Aucun animal d'un poids supérieur à 25 kilos n'a survécu, disent les scientifiques[2]. Bien avant, la première extinction de masse a eu lieu il y a 440 millions d'années : 85 % des espèces avaient disparu à cette occasion. Les espèces rescapées ont été bien moins nombreuses que les espèces décimées : la résilience n'est pas universelle. Cependant, les espèces survivantes vont montrer une extraordinaire capacité d'adaptation qui mérite toute notre attention. Elles sont des modèles de résilience.

Par ailleurs, une nouvelle vision se fait jour concernant la résilience de la Nature : nous prenons conscience que la Terre est en danger en raison de l'activité de l'homme. Son influence sur le climat et les milieux naturels se fait sentir ; nous découvrons que « tout se tient[3] ». Nous sommes solidaires de notre environnement naturel. La résilience de l'être humain ne peut pas être pensée sans son intégration dans la Nature. L'homme la menace directement. Nous ne pouvons plus faire cavalier seul. Il n'est plus possible de comprendre la résilience de l'humanité

---

2. https://www.rtflash.fr/cinq-grands-cataclysmes-ont-ponctue-l-evolution-especes/article.

3. Cette expression est un *leitmotiv* de l'encyclique *Laudato si'* du pape François.

sans une solidarité structurelle avec notre maison commune, la Terre.

En réalité, la résilience de la Nature est aujourd'hui une vraie problématique, et notre rôle à son égard paraît de plus en plus décisif. L'histoire de la Terre nous montre qu'il existe des points de non-retour. La résilience n'est pas une attitude magique qui fonctionne dans tous les cas de figure. Il existe des traumatismes que la Nature ne peut absorber, en tout cas à l'échelle du temps humain. D'où la nécessaire prévention, qui suppose lucidité et anticipation des conséquences potentiellement graves de nos propres comportements. Et aussi l'acceptation d'une situation désormais inévitable avec laquelle il faudra désormais composer comme on peut le constater avec le changement climatique.

Gardons à l'esprit cette interdépendance entre la Nature et l'être humain. Elle est essentielle, même si nous ne parlerons que de la résilience de l'être humain. Pour l'être humain en effet, il faut distinguer le traumatisme de l'épreuve : « Dans l'épreuve, lors de la perte d'un grand-parent par exemple, l'enfant est chamboulé, mais parvient à maintenir l'équilibre. Lors du trauma cependant, abus sexuels ou violences répétées par exemple, son cerveau déraille[4]. »

Il y a donc un lien continu entre le traumatisme et la résilience. Le traumatisme se caractérise par la violence du choc, son intensité, sa brutalité, sa

4. Marc OLANO, *Boris Cyrulnik : Traumatisme et résilience*, Grands Dossiers, n° 54 — Mars-avril-mai 2019, https://www.scienceshumaines.com/boris-cyrulnik-traumatisme-et-resilience_fr_40571.html, Article mis à jour le 18/02/2019.

soudaineté. Il perturbe le sujet « qui déraille » comme le mentionne Boris Cyrulnik : le traumatisé est bouleversé au point de perdre la maîtrise de lui-même, de ne pouvoir réagir d'une façon rationnelle, du moins pour l'instant. La sidération désigne par exemple cette paralysie de la victime, confrontée à l'impensable. Fascinée par l'événement ou par l'agresseur, elle reste « bouche bée », ahurie, subjuguée, hypnotisée. Cette dépersonnalisation est une épreuve radicale, dont il est difficile de se remettre. Dans son acception psychologique, le traumatisme est une situation limite qui entraîne des transformations parfois irréversibles et modifie l'intégrité de la personne d'une façon plus ou moins grave. Car, dans un second temps, les effets continuent de l'assaillir et l'empêchent de bien vivre. La résilience va donc être la réaction la plus saine qu'un sujet parvient à déployer, pour se remettre le mieux possible d'une telle expérience.

On peut être détruit par un événement, physiquement et psychiquement.

Le traumatisme individuel est impressionnant à observer. On appelle PTSD (*post-traumatic stress disorder*, trouble du stress post-traumatique[5]) une absence d'émotions devant un événement traumatique, l'incapacité de répondre aux *stimuli* extérieurs, des comportements d'inhibition (sidération, stupeur), ou au contraire une agitation non maîtrisée comme l'affolement et l'angoisse.

Mais le traumatisme n'est pas seulement individuel. L'Histoire fourmille d'exemples de véritables

5. *Ibid.*, n° 90.

catastrophes collectives qui ont durablement marqué les populations. Ne serait-ce que la célèbre peste noire en 1351 qui a détruit le tiers de la population européenne. Pourrions-nous résister aujourd'hui à un tel cataclysme ?

Il existe d'autres épreuves, *objectivement* moins dramatiques qu'une épidémie, un tremblement de terre, le suicide de son conjoint, une prise d'otages, un viol… Mais ces épreuves n'en sont pas moins pénibles et déstabilisantes pour celui qui les subit. Un divorce, la perte de son job, ou encore se sentir harcelé dans son travail ne sont pas des traumatismes au sens strict, mais des situations qui y ressemblent. Le ressenti subjectif est tel, qu'une démarche de résilience est nécessaire pour s'en remettre. L'existence n'est pas un long fleuve tranquille, il faut apprendre à affronter des événements de toute sorte pour que sa vie ne soit pas une suite d'épreuves subies.

Aborder l'homme comme un être résilient, c'est le désigner comme celui qui peut subir de telles épreuves. L'être humain est ainsi fait qu'il est vulnérable, exposé aux blessures et aux coups.

Dans la pensée classique, on oppose volontiers cette imperfection naturelle à la puissance de la pensée dont l'homme tire toute sa supériorité : « L'homme n'est qu'un roseau, le plus faible de la nature, mais c'est un roseau pensant. Il ne faut pas que l'univers entier s'arme pour l'écraser ; une vapeur, une goutte d'eau suffit pour le tuer[6]. »

6. Pascal, pensées 347.

Fichte n'est pas plus optimiste :

> « Tous les animaux sont achevés, et terminés, l'homme est seulement indiqué et esquissé. [...] Chaque animal est ce qu'il est ; l'homme, seul, originairement n'est absolument rien. Ce qu'il doit être, il lui faut le devenir par soi-même. La nature a achevé toutes ses œuvres, pour l'homme uniquement elle ne mit pas la main et c'est précisément ainsi qu'elle le confia à lui-même[7]. »

C'est donc à l'éducation de *terminer* ce que la nature a commencé. En attendant, l'être humain n'est pas assez autonome pour survivre dès sa naissance, contrairement à nombre d'animaux qui peuvent se lever et même galoper tout de suite. Sa vulnérabilité le rend fragile et, sans l'aide des siens, le petit d'homme n'a aucune chance de s'en sortir.

Car, si la résilience permet de résister et de dépasser une épreuve importante, encore faut-il d'abord lui survivre, c'est-à-dire que les séquelles ne détruisent pas l'autonomie de la personne. Cela dépend de la violence de l'événement ou de la situation, mais également de la vigueur du sujet qui le reçoit. Tout le monde n'est pas capable d'absorber des chocs aussi graves que Raspoutine, dont la légende raconte que ni le cyanure ni plusieurs balles de revolver n'ont eu raison de lui[8]. Il n'empêche qu'il aurait fini par périr noyé, car

---

7. J. G. FICHTE, *Fondement du droit naturel selon les principes de la doctrine de la science*, Paris, PUF, 1984, trad. Alain Renaut, p. 95.
8. Voir l'article du *Figaro* du 8 août 1917.

Fichte n'est pas plus optimiste :

> « Tous les animaux sont achevés, et terminés, l'homme est seulement indiqué et esquissé. […] Chaque animal est ce qu'il est ; l'homme, seul, originairement n'est absolument rien. Ce qu'il doit être, il lui faut le devenir par soi-même. La nature a achevé toutes ses œuvres, pour l'homme uniquement elle ne mit pas la main et c'est précisément ainsi qu'elle le confia à lui-même[7]. »

C'est donc à l'éducation de *terminer* ce que la nature a commencé. En attendant, l'être humain n'est pas assez autonome pour survivre dès sa naissance, contrairement à nombre d'animaux qui peuvent se lever et même galoper tout de suite. Sa vulnérabilité le rend fragile et, sans l'aide des siens, le petit d'homme n'a aucune chance de s'en sortir.

Car, si la résilience permet de résister et de dépasser une épreuve importante, encore faut-il d'abord lui survivre, c'est-à-dire que les séquelles ne détruisent pas l'autonomie de la personne. Cela dépend de la violence de l'événement ou de la situation, mais également de la vigueur du sujet qui le reçoit. Tout le monde n'est pas capable d'absorber des chocs aussi graves que Raspoutine, dont la légende raconte que ni le cyanure ni plusieurs balles de revolver n'ont eu raison de lui[8]. Il n'empêche qu'il aurait fini par périr noyé, car

---

7. J. G. FICHTE, *Fondement du droit naturel selon les principes de la doctrine de la science*, Paris, PUF, 1984, trad. Alain Renaut, p. 95.

8. Voir l'article du *Figaro* du 8 août 1917.

catastrophes collectives qui ont durablement marqué les populations. Ne serait-ce que la célèbre peste noire en 1351 qui a détruit le tiers de la population européenne. Pourrions-nous résister aujourd'hui à un tel cataclysme ?

Il existe d'autres épreuves, *objectivement* moins dramatiques qu'une épidémie, un tremblement de terre, le suicide de son conjoint, une prise d'otages, un viol… Mais ces épreuves n'en sont pas moins pénibles et déstabilisantes pour celui qui les subit. Un divorce, la perte de son job, ou encore se sentir harcelé dans son travail ne sont pas des traumatismes au sens strict, mais des situations qui y ressemblent. Le ressenti subjectif est tel, qu'une démarche de résilience est nécessaire pour s'en remettre. L'existence n'est pas un long fleuve tranquille, il faut apprendre à affronter des événements de toute sorte pour que sa vie ne soit pas une suite d'épreuves subies.

Aborder l'homme comme un être résilient, c'est le désigner comme celui qui peut subir de telles épreuves. L'être humain est ainsi fait qu'il est vulnérable, exposé aux blessures et aux coups.

Dans la pensée classique, on oppose volontiers cette imperfection naturelle à la puissance de la pensée dont l'homme tire toute sa supériorité : « L'homme n'est qu'un roseau, le plus faible de la nature, mais c'est un roseau pensant. Il ne faut pas que l'univers entier s'arme pour l'écraser ; une vapeur, une goutte d'eau suffit pour le tuer[6]. »

6. Pascal, pensées 347.

personne n'est invulnérable. La vitalité est pour l'être humain un cocktail mystérieux de biologie, de relations familiales tissées dans l'enfancc, de constitution psychique… qui augmente ou diminue son aptitude à absorber un traumatisme et à lui survivre.

Nous allons aborder trois aspects de ce sujet immense : d'abord, discerner comment la connaissance de soi est cruciale pour se libérer des épreuves. C'est l'objet de la première partie. Ensuite, nous explorerons les processus de défense personnelle dont on dispose dans l'épreuve. Certains sont largement spontanés et inconscients, d'autres volontaires. Dans une troisième partie, nous nous interrogerons sur un paradoxe : existe-t-il des personnes résilientes, qui non seulement vivent bien, mais vivent mieux que si elles n'avaient connu l'épreuve ?

Se connaître : découvrir ce dont on est capable

Se connaître en situation ordinaire et en situation de crise

Il y a deux manières de se connaître : en situation ordinaire et en situation de crise. Dans la vie courante, il n'est déjà pas facile de bien se connaître, d'évaluer ses qualités et ses défauts, de savoir ce dont on est vraiment capable. On a souvent besoin d'un tiers pour nous éclairer ou nous confirmer à ce sujet. L'expérience aidant, on grandit en connaissance de soi et en confiance.

En situation de crise, quand il s'agit d'affronter un danger – surtout quand il est inattendu –, la difficulté augmente : serai-je capable de dominer la situation, serai-je submergé ? Tant qu'on ne l'a pas affronté, personne ne peut répondre à cette question, pourtant essentielle. Cela tient au fait que l'issue est incertaine alors que la menace est forte. Plus l'événement à traverser est dangereux et important, moins on se sent armé pour y répondre. On peut ainsi être tenté de renoncer à essayer de mieux se connaître dans l'adversité, et à laisser à l'avenir sa part d'incertitude, à préférer l'improvisation devant l'inattendu plutôt qu'une préparation qui paraît forcément inadaptée.

Il y a une part de vrai dans cette attitude. À savoir que la connaissance de soi résulte toujours d'une relation au monde. On ne se connaît jamais qu'indirectement, en miroir, comme reflet d'une action ou de quelque chose qu'on subit. Atteindre un objectif permet de mieux se connaître : on découvre qu'on est capable de le réaliser. Si on le réussit plusieurs fois, ou qu'on progresse, la connaissance de soi augmente, la confiance en soi également. Si l'on résiste à une maladie, on découvre les ressources de sa santé, on la connaît. Si elle gagne du terrain, on découvre sa fragilité, on renonce ou au contraire on redouble d'efforts… C'est toujours à l'occasion d'une expérience qu'on se découvre soi-même, capable de vaincre une adversité ou non.

Mais il faut ajouter que préparation et improvisation vont souvent de pair. On est d'autant plus capable de s'adapter à une situation nouvelle et difficile qu'on s'y est préparé. Comment est-il donc possible de se préparer à une situation qu'on ne connaît pas ? En travaillant sur soi. La vie apporte généralement son lot de difficultés, et personne ne peut y échapper. On connaît le syndrome du premier de la classe, celui qui n'a jamais connu que les succès, dont les réussites constituent son seul horizon. Dès qu'il rencontre un échec, même minime, il risque de s'effondrer. Il n'y est pas habitué, et se montre particulièrement vulnérable. À l'inverse, celui qui a connu une enfance sans privilèges, qui a rencontré les échecs et accède difficilement à une vie acceptable, celui-là est préparé à de plus grands combats.

l'improvisation devant l'inattendu plutôt qu'une préparation qui paraît forcément inadaptée.

Il y a une part de vrai dans cette attitude. À savoir que la connaissance de soi résulte toujours d'une relation au monde. On ne se connaît jamais qu'indirectement, en miroir, comme reflet d'une action ou de quelque chose qu'on subit. Atteindre un objectif permet de mieux se connaître : on découvre qu'on est capable de le réaliser. Si on le réussit plusieurs fois, ou qu'on progresse, la connaissance de soi augmente, la confiance en soi également. Si l'on résiste à une maladie, on découvre les ressources de sa santé, on la connaît. Si elle gagne du terrain, on découvre sa fragilité, on renonce ou au contraire on redouble d'efforts… C'est toujours à l'occasion d'une expérience qu'on se découvre soi-même, capable de vaincre une adversité ou non.

Mais il faut ajouter que préparation et improvisation vont souvent de pair. On est d'autant plus capable de s'adapter à une situation nouvelle et difficile qu'on s'y est préparé. Comment est-il donc possible de se préparer à une situation qu'on ne connaît pas ? En travaillant sur soi. La vie apporte généralement son lot de difficultés, et personne ne peut y échapper. On connaît le syndrome du premier de la classe, celui qui n'a jamais connu que les succès, dont les réussites constituent son seul horizon. Dès qu'il rencontre un échec, même minime, il risque de s'effondrer. Il n'y est pas habitué, et se montre particulièrement vulnérable. À l'inverse, celui qui a connu une enfance sans privilèges, qui a rencontré les échecs et accède difficilement à une vie acceptable, celui-là est préparé à de plus grands combats.

Se connaître : découvrir ce dont on est capable

Se connaître en situation ordinaire et en situation de crise

Il y a deux manières de se connaître : en situation ordinaire et en situation de crise. Dans la vie courante, il n'est déjà pas facile de bien se connaître, d'évaluer ses qualités et ses défauts, de savoir ce dont on est vraiment capable. On a souvent besoin d'un tiers pour nous éclairer ou nous confirmer à ce sujet. L'expérience aidant, on grandit en connaissance de soi et en confiance.

En situation de crise, quand il s'agit d'affronter un danger – surtout quand il est inattendu –, la difficulté augmente : serai-je capable de dominer la situation, serai-je submergé ? Tant qu'on ne l'a pas affronté, personne ne peut répondre à cette question, pourtant essentielle. Cela tient au fait que l'issue est incertaine alors que la menace est forte. Plus l'événement à traverser est dangereux et important, moins on se sent armé pour y répondre. On peut ainsi être tenté de renoncer à essayer de mieux se connaître dans l'adversité, et à laisser à l'avenir sa part d'incertitude, à préférer

Aristote développe à ce sujet une doctrine solide qui nous éclaire : la vertu, dit-il, est une disposition stable à bien agir, acquise par l'entraînement. Elle n'est ni spontanée comme les impulsions ni contre nature comme un esclavage. Elle constitue plutôt une seconde nature, un *habitus*, une disposition qui rend son possesseur davantage maître de son action. La vertu s'acquiert et progresse au fur et à mesure des victoires. Cette souveraineté sur soi-même n'est pas donnée naturellement, elle est le fruit d'un long travail dont le sage est le modèle canonique : la vertu demande à être confirmée tout au long de la vie, nous indique Aristote, car « une hirondelle ne fait pas le printemps[1] ».

C'est donc à travers ses expériences vécues au fil de son histoire que l'homme apprend à se connaître lui-même. Il ne s'accomplit qu'en tirant les leçons des événements rencontrés, et de ses propres réactions. La connaissance de soi est le fruit naturel de ses expériences. Elle procède d'un retour sur soi pour évaluer ce qui s'est passé et ce qu'on a fait, surtout, comment on s'est comporté. Ce retour transforme un événement en prise de conscience. La relecture d'un événement apprend quelque chose sur soi, elle transforme l'événement objectif en sa propre histoire. Nous reviendrons sur cet exercice sur soi qui constitue en grande partie un « métier d'homme », selon le précepte delphique « connais-toi toi-même » invitant tout homme à explorer son âme.

1. Aristote, *Éthique à Nicomaque*, Flammarion, p. 1098a19.

Se connaître dépasse le cadre du développement personnel

La connaissance de soi est une thématique largement dominée aujourd'hui par le développement personnel. Ce courant de pensée opère une récupération de différents savoirs plus ou moins scientifiques ou ésotériques, pour mieux se connaître et se transformer, pour repousser ses limites et réussir dans la vie. On y trouve pêle-mêle des emprunts à la psychologie (Maslow, Jung), aux neurosciences (Damasio), au coaching (sportif), à la méditation (Christophe André), aux sagesses orientales (Matthieu Ricard)... Chacune de ces disciplines apporte ses nouveautés, acceptées ou critiquées par la communauté des chercheurs.

Malgré la diversité de leurs inspirations, les pratiques de développement personnel présentent des points communs. Elles se présentent d'abord comme une réponse à l'individualisme de nos sociétés: devant l'effondrement du religieux, de l'autorité et de la norme sociale, l'individu n'a d'autre recours que se tourner vers lui-même pour se construire et exister dans un environnement de plus en plus difficile. L'athéisme et le scepticisme n'ont pas anéanti le désir de vivre, mais l'ont seulement déplacé. Personne ne peut se satisfaire d'un horizon fermé, sans espérance ni perspective. Une vision enfin optimiste de la vie est recherchée comme une raison de vivre. La connaissance de soi se présente alors comme une découverte de ses atouts, de son potentiel inexploré. Grâce à cette connaissance et à des exercices appropriés, tout problème dans la vie doit trouver sa solution, et si l'on n'y arrive pas, c'est sans doute que l'on s'y est mal pris. Le progrès personnel peut vaincre ses limites pathologiques, ce qui évidemment comporte une part de vérité, mais ouvre aussi la voie au charlatanisme.

Les dérives du développement personnel sont multiples. La première est d'abord l'individualisme : non seulement l'individu se réalise en se donnant à lui-même les critères de sa réussite sans modèle extérieur, mais chacun doit trouver en lui-même les talents non exploités. Ne pas le faire est tragique, c'est « Mozart qu'on assassine », selon l'expression de Gilbert Cesbron. On fait croire que la dignité de la personne réside dans ses talents plutôt que dans son humanité. Inutile de dire que ceux qui n'arrivent pas à progresser ressentent une culpabilité qui peut être dramatique. Cet individualisme est souvent associé à un certain narcissisme, une préférence à se considérer soi-même comme objet unique d'attention, plutôt que d'accepter de se décentrer en adoptant des savoir-faire qui ouvrent sur le monde extérieur et sur les autres.

La deuxième dérive est l'optimisme volontariste : chacun doit se prendre en charge pour s'assurer le succès. Tout problème a une solution. Il suffit d'appliquer la bonne méthode. L'erreur est ici de refuser purement et simplement qu'il existe des accidents de la vie, des handicaps sans « solution », où il ne s'agit pas tant de progresser que de les vivre avec humilité et sagesse. On berne les bonnes volontés en leur promettant un mieux-être qu'elles ne trouveront jamais.

La troisième dérive est sans doute la dimension « boîte à outils », technique simple, recette efficace. Vous voulez méditer ? Installez la bonne application sur votre téléphone et suivez les instructions ! Cette « technologisation » des attitudes les plus humaines et parfois les plus spirituelles est une simplification outrancière, qui ne prend pas au sérieux le long cheminement d'une progression de sagesse authentique, toujours éthique et parfois même ascétique, le plus souvent accompagnée.

Une autre dérive est la marchandisation excessive des pratiques. La qualification souvent insuffisante des conseillers ne les empêche pas de promettre monts et merveilles comme on l'observe dans les innombrables titres de livres de développement personnel qui envahissent les rayons dédiés des librairies. Ne pas oublier que les connaissances sur soi les plus importantes sont essentiellement gratuites : même les factures d'un excellent psychologue ou d'un coach ressemblent à des « honoraires » comme pour les médecins et les avocats, car leur valeur ajoutée est bien supérieure – en principe – au prix payé.

La résilience est devenue un thème favori du développement personnel. Il est bien compréhensible en effet que l'individu confronté à des situations traumatisantes cherche des issues. Le concept de résilience est prometteur : il est souvent associé par le grand public à la promesse de trouver une voie acceptable et même excellente après avoir vécu des événements dramatiques. Toujours la même idée vendeuse : tout problème doit trouver sa solution. Mais il existe aussi des recherches sérieuses en la matière[2]. D'où la nécessité de garder à l'esprit la dérive toujours possible des concepts en sciences humaines.

Vers une crise permanente ?

Nous sommes le 26 février 2022. La Russie vient de déclarer la guerre à l'Ukraine deux jours plus tôt. Dans le *Sunday Times*, le journaliste anglais Josh Glancy écrit :

> « Nous vivons, semble-t-il, dans une période de crise permanente. Comme si l'histoire nous avait arraché nos bouées et brassards pour nous engouffrer dans un tourbillon d'événements qui s'enchaînent tellement vite que nul ne peut en prédire les conséquences. »

Pour nommer ce sentiment de crise permanente, Josh Glancy utilise le néologisme *permacrise*. Face aux nouvelles menaces de notre monde, elle alimente un sentiment généralisé de peur et d'angoisse, d'autant plus qu'on ne voit pas clairement comment les affronter : pêle-mêle la fonte des glaces, la montée des océans, les incendies de forêt de plus en plus graves et nombreux, la nouvelle donne des inondations et les

2. Pour notre part, dans notre deuxième partie, nous utiliserons notamment les travaux de Henri Chabrol, *Les mécanismes de défense*, Association de Recherche en Soins Infirmiers | « Recherche en soins infirmiers » 2005/3 n° 82 | pages 31 à 42, et de Paulhan *Stress et coping*, PUF, 1995 p. 111.
ISSN 0297-2964 DOI 10.3917/rsi.082.0031 ; https://www.cairn.info/revue-recherche-en-soins-infirmiers-2005-3-page-31.htm.

sécheresses dévastatrices, les températures excessives et les changements climatiques, la guerre en Ukraine, les pandémies passées et à venir, les énergies de plus en plus chères, la radicalisation rampante des démocraties occidentales, les flux migratoires, le déclin de la biodiversité, l'épidémie de solitude notamment chez les personnes âgées… Parce que les mauvaises nouvelles augmentent l'audience, les médias nous informent davantage des fléaux de l'humanité et nous manipulent également en augmentant leur ampleur, pour mieux se vendre.

Face à cette montée du ressenti anxiogène, on remarque que les personnes en situation dépressive sont en augmentation. Selon l'Institut national de prévention et d'éducation pour la santé, les femmes seraient deux fois plus concernées. L'OMS (Organisation Mondiale pour la Santé) estime que :

> « Les troubles dépressifs représentent le premier facteur de morbidité et d'incapacité sur le plan mondial (communiqué de mars 2017). Ainsi, on compte plus de 300 millions de personnes dans le monde qui souffrent de dépression, soit une augmentation de plus de 18 % entre 2005 et 2015. La dépression n'est pas un trouble de santé à prendre à la légère. Elle peut conduire au suicide. Chaque année, près de 800 000 personnes meurent en se suicidant. Le suicide est la deuxième cause de mortalité chez les 15-29 ans[3]. »

3. https://www.la-depression.org/comprendre-la-depression/la-depression-en-chiffre/

La jeune génération – les *millenials* – est donc particulièrement exposée : c'est son avenir qui est directement en jeu, beaucoup plus que pour les générations précédentes. « Je crois que nous sommes la dernière génération qui va pouvoir vivre jusqu'à 80 ans[4] », exprime une étudiante, consciente que les changements déjà observables aujourd'hui vont affecter notre environnement et notre mode de vie d'une façon durable et même quasi définitive.

Alors, que faire ? Quelles attitudes adopter ? On nous vendait que *l'homme qui vivra 1 000 ans est déjà né*[5] et nous avons affronté la covid quelques années plus tard avec ses 15 millions de morts dans le monde selon l'OMS[6], avec ses mesures très contraignantes pour des populations entières. L'impuissance côtoie l'incertitude, une forme de désespoir gagne les cœurs et pas seulement celui des jeunes. On constate dans les milieux professionnels une montée du désengagement : à quoi bon travailler si l'on n'a aucune garantie sur l'avenir ? Aura-t-on une retraite ? Serons-nous encore là dans 10 ans ou 30 ans ? Selon un sondage réalisé par l'entreprise Gallup en 2022[7], seulement 15 % des employés sont très engagés, les autres 85 % sont peu impliqués ou pas du tout dans leur entreprise. 18 % se disent « activement désengagés ». Le désengagement

4. https://www.levif.be/societe/sante/millenials-bienvenue-dans-lepoque-de-la-permacrise/

5. Laurent ALEXANDRE, *Vivre mille ans ?* Le Monde, juin 2013.

6. https://www.lemonde.fr/blog/huet/2022/12/14/covid-19-15-millions-de-morts-dit-loms/

7. https://www.gallup.com/workplace/349484/state-of-the-global-workplace-2022-report.aspx

marque la déception des salariés qui considèrent qu'il est inutile de se donner de la peine, soit parce que leur entreprise paraît la seule à en profiter vraiment, soit parce que cela ne sert pas à grand-chose de faire un effort pour de l'argent. L'essentiel est ailleurs.

Ailleurs ? Les études montrent que le premier refuge est le jeu, évitement de la réalité bien plus qu'affrontement. « Les Français n'ont jamais autant joué. Ils sont 73 % à jouer occasionnellement et 58 % régulièrement, soit une progression de 6 points par rapport à 2020 », nous apprend la fondation Jean Jaurès. « Deux industries domineront – dominent déjà l'économie mondiale : l'assurance et la distraction », prophétisait déjà Jacques Attali[8]. Se protéger et se distraire seraient les seuls recours contre les menaces inévitables.

> « Notre maison brûle et nous regardons ailleurs. La nature, mutilée, surexploitée, ne parvient plus à se reconstituer, et nous refusons de l'admettre. L'humanité souffre. Elle souffre de mal-développement, au nord comme au sud, et nous restons indifférents. La Terre et l'humanité sont en péril, et nous en sommes tous responsables. »

Ces paroles de Jacques Chirac sont extraites de son discours devant l'assemblée plénière du IVe Sommet de la Terre, le 2 septembre 2002 à Johannesburg, en Afrique du Sud. Ce cri d'alarme sera largement partagé par l'ensmble des autorités compétentes internationales. Face à l'urgence climatique, le GIEC (Groupe

---

8. Jacques ATTALI, *Une brève histoire de l'avenir*, Fayard, 2006, p. 187.

d'experts intergouvernemental sur l'évolution du climat) multiplie les avertissements aux décideurs du monde entier. L'IPBES (Intergovernmental Science-Policy Platform on Biodiversity and Ecosystem Services) exhorte à un « changement transformateur » dans l'attitude que l'humanité entretient avec la nature et la biodiversité. « Nous sommes à court de temps, comme nos enfants et nos jeunes nous le rappellent[9] », renchérit le pape François qui admet que « nous nous trouvons dans une situation d'urgence ». Il faut donc « réparer la terre », restaurer l'équilibre climatique, et faire en sorte que tous les pays acceptent une augmentation de la température moyenne de 1,5 °C…

Il n'y aura pas de changement sans prise de conscience. Accepter entièrement que nous soyons à la croisée des chemins suppose qu'on sorte du déni. Les réponses sont clairement politiques, économiques, mais elles concernent également le comportement de tout un chacun, ce qui suppose un travail de vérité pour avoir des connaissances solides en matière d'écologie intégrale et développer son aptitude personnelle à la résilience. C'est sur ce deuxième axe que porte notre travail. « Espérer le meilleur et se préparer au pire : c'est la règle », disait Pessoa. Il y a quelque chose de vrai dans cette célèbre formule. L'attitude résiliente n'est pas de croire que tout ira bien, mais de chercher dans l'avenir un souhaitable possible. Parfois, le souhaitable semble impossible, ou tout au moins invisible. En situation illisible, l'homme de foi garde la conviction que Dieu

9. Message du pape François pour la célébration de la journée mondiale de prière pour la sauvegarde de la Création 1er septembre 2020.

« pourvoira[10] ». Tout homme confronté à une menace imminente dont il ne connaît pas l'issue va forcément adopter une attitude : instinctive, protectrice, agressive, rationnelle…

Toutefois, certaines attitudes de résilience s'avèrent meilleures que d'autres. Entre les mécanismes de défense inconscients et les choix volontaires existe une panoplie de stratégies que nous mettons en place plus ou moins consciemment.

Se préparer à la résilience ?

« Un gladiateur se décide dans l'arène », nous prévenait Sénèque. Tant que l'on n'a pas été confronté à l'épreuve, on ne sait pas comment l'on va réagir. Pour le meilleur ou pour le pire. Le présomptueux se considère comme victorieux avant d'avoir combattu, il est trop confiant en lui-même et à l'inverse, le craintif aura tendance à se déconsidérer. Sur ce dernier point, Aristote se montre perspicace : « Le pusillanime en effet, bien qu'il soit digne de certains avantages, se prive lui-même de ce qu'il mérite et il a l'air d'avoir à se reprocher quelque chose de mal, dès lors qu'il ne se juge pas digne de ces biens-là. *Par ailleurs, il donne*

10. Lors du sacrifice d'Abraham, à la question d'Isaac qui lui demande où est l'agneau pour l'holocauste, Abraham répond : « C'est Dieu qui pourvoira à l'agneau pour l'holocauste » (Gn 22,8). La TOB traduit par : « Dieu saura *voir* l'agneau pour l'holocauste », parce qu'il est resté invisible à Abraham jusqu'au dernier moment, à tel point qu'Abraham nommera ce lieu du sacrifice « le Seigneur voit » ce qu'il n'a pas vu et c'est précisément ce non perçu qui est le salut : pour sortir de son aveuglement, Abraham a eu besoin que l'ange arrête son geste, qu'il lève les yeux, qu'il regarde et découvre enfin le bélier attaché.

aussi l'impression de ne pas se connaître lui-même. Car il aspirerait, sinon, à ce qu'il mérite, puisque ce sont des biens qu'il mérite[11] ! »

En réalité, le présomptueux manque de connaissance sur lui-même, autant que le craintif : il se montre incapable d'évaluer ce dont il est réellement capable. Les deux attitudes révèlent quelque chose de grotesque, et la littérature les présente volontiers sous la forme de personnages de comédie. Plaute[12] décrivait avec humour un dialogue entre le fanfaron Pyrgopolinice et son compère parasite Artotrogus. Ce dernier fait semblant de croire aux prouesses de son interlocuteur : Pyrgopolinice se vante en effet d'avoir brisé « négligemment » le pied d'un éléphant d'un seul coup de poing, d'avoir fait périr cinquante hommes en Cilicie, cent Scytholatronides, trente Sardes, soixante Macédoniens, soit sept mille morts en un seul jour ! L'hubris du vaniteux est en effet risible, alors même qu'une méconnaissance du danger réel peut devenir dramatique. Souvenons-nous d'Icare aux ailes d'ange confectionnées par son père Dédale : on l'avait pourtant prévenu de ne pas prendre le risque de s'approcher du soleil ! Mais son enthousiasme est trop fort… La chaleur du soleil fait fondre la cire de ses ailes et voilà notre jeune homme en perdition… Même si l'on connaît en principe ses limites, on ne veut pas y croire, on tente le diable…

---

11. ARISTOTE, *Éthique à Nicomaque,* traduction de Bodéüs, idem, 1125a20.

12. PLAUTE, *Le Soldat fanfaron (Miles gloriosus),* début de l'Acte I.

À l'inverse, le craintif méconnaît son talent, il n'ose pas l'utiliser. Bernanos décrit admirablement cette attitude chez Blanche de la Force, cette jeune fille innocente et sans défense menacée de mort par les révolutionnaires alors qu'elle vient d'entrer au couvent :

> « Qu'est-ce qu'on me reproche ? Qu'est-ce que j'ai fait de mal ? Je n'offense pas le bon Dieu. La peur n'offense pas le bon Dieu. Je suis née dans la peur, j'y ai vécu, j'y vis encore, tout le monde méprise la peur, il est donc juste que je vive aussi dans le mépris. Voilà longtemps que je le pense. Le seul être qui aurait pu m'empêcher de le dire, c'était mon père. Il est mort. Ils l'ont guillotiné voilà peu de jours[13]. »

Avant de révéler un courage insoupçonné qui la conduira au don total d'elle-même, Blanche est confrontée à une peur abyssale, qu'elle subit entièrement sans pouvoir y opposer le moindre remède. Elle ne cache rien de son mal, et cette franchise la rend bouleversante, aux antipodes du couard, qui invente les prétextes les plus alambiqués pour cacher sa peur aux yeux des autres. Blanche méconnaît-elle son réel pouvoir ou bénéficiera-t-elle d'un transfert de grâce ? Il me semble en effet que devant la mort, Blanche devient forte comme la mère supérieure, alors que la mère supérieure connaît elle-même les affres de l'angoisse comme Blanche aurait dû les connaître. Reste donc que la résilience morale de Blanche n'est pas

13. Poulenc, *Dialogue des Carmélites,* texte de l'opéra remanié.

liée à la connaissance d'elle-même, mais à une mystérieuse solidarité des âmes. Comme quoi, la ressource intérieure n'est pas seulement faite de connaissance, il arrive que la grâce surnaturelle supplée la carence naturelle.

Entre l'excès et le défaut, entre la présomption et le défaitisme, la confiance en soi se fonde habituellement sur l'expérience intime d'une capacité dont je dispose pour m'opposer à une menace. Elle ne garantit pas la victoire, mais seulement sa possibilité, une aptitude à affronter un événement hostile à défaut de le dominer, et c'est déjà considérable. Bien souvent en effet, la certitude d'être confronté à un mal insurmontable détruit toute velléité de se défendre, elle paralyse, induit un sentiment de défaite inéluctable qui peut conduire au désespoir.

On ne pourra donc jamais dire que la connaissance de soi apporte une garantie de résilience devant une situation traumatique ou une épreuve. Mais elle n'est pas vaine, loin de là. Elle constitue un « exercice » au sens stoïcien : une méditation sur l'aptitude de chacun à la résilience, pour ne pas rester sans défense dans l'épreuve ou pour se détacher d'un destin inexorable. C'est un « exercice spirituel » qu'avec les stoïciens Pierre Hadot définit :

> « Une pratique volontaire, personnelle, destinée à opérer une transformation de l'individu, une transformation de soi… Chez les stoïciens, pour pouvoir supporter les coups du sort, la maladie, la pauvreté, l'exil, il faut se préparer par la pensée à leur éventualité. On supporte mieux ce à quoi

> l'on s'attend. [...] Autre exemple : la formule de Platon dans le Phédon : "Philosopher, c'est s'exercer à mourir[14]." »

Frôler la mort

Être confronté à l'épreuve, à la maladie grave, au conflit fatal, à un risque mortel est une expérience cruciale qui dévoile ce que l'on est. L'épreuve bouleverse, il y a un avant et un après. La résilience n'est pas le recouvrement d'un état antérieur, « comme avant ». Par l'épreuve, on est exposé malgré soi, on frôle la mort. Une part de soi, restée auparavant largement inconnue, apparaît. On se découvre pendant et après l'épreuve, on approfondit son rapport à soi. On quitte un quotidien régulier pour vivre une irruption violente, on doit solliciter ses ressources dernières pour affronter un événement terrible et réapprendre à vivre. La résilience est le deuil de la situation avant le traumatisme qu'on ne retrouvera jamais, en même temps qu'une réaction vitale pour refuser la mort. Nombre de traumatisés ressentent la mort au moment d'un cataclysme.

À défaut d'une telle épreuve, soit que son dommage soit derrière nous, soit qu'on ne l'ait pas encore connue, il reste la prise de conscience d'une mort certaine. Montaigne, à seulement 39 ans, médite longuement sur cet événement inévitable dans le chapitre XX du premier livre de ses *Essais :* « Que philosopher

---

14. Pierre HADOT, *la philosophie comme manière de vivre,* Albin Michel, 2001, p. 145.

c'est apprendre à mourir[15] ». Comment comprendre cette affirmation ? D'abord, que la mort est non seulement *nécessaire*[16], mais aussi un moment qui révèle la vérité profonde de la personne. Le dernier jour de notre vie, l'heure de notre mort, détruit le « contentement » de notre vie, « l'assurance d'une âme réglée » : les masques tombent avec les beaux discours, nous ne disposons plus d'aucune sécurité. « À ce dernier rôle de la mort et de nous, il n'y a plus que feindre, il faut parler français, il faut montrer ce qu'il y a de bon et de net dans le fond du pot[17]. »

Devant la mort, plus de faux-semblant. Elle nous prend tels que nous sommes, les jeux sont faits. On ne peut rien modifier ni ajouter. Une récapitulation en somme, de toute sa vie. Devant cet événement à venir, proche ou lointain – nul ne sait –, il faut se préparer, nous assure Montaigne, au moins par deux exercices. D'abord, y penser, ne pas déserter la possibilité d'une mort imminente, la reconnaître présente dans notre vie : « Aussi, ai-je pris en coutume d'avoir, non seulement en l'imagination, mais continuellement la mort en la bouche[18]. » La mort fait partie de la vie, comme le cimetière jouxte l'église vivante des fidèles. Dans notre civilisation qui a tôt fait de cacher dans les hôpitaux le moment de mourir, qui n'accorde plus le temps de garder les défunts chez soi (hygiène oblige), mais les relègue au plus vite dans des morgues, ces mots de

15. MONTAIGNE, *Essais*, Gallimard, 1994, livre I, chapitre XX.

16. « Votre mort – dit la Nature – est une des pièces de l'univers ; c'est une des pièces de la vie du monde. » *Ibid.*, p. 154.

17. *Ibid.*, p. 139.

18. *Ibid.*, p. 151.

Montaigne nous rappellent la proximité de la mort et de la vie. « La première heure qui t'a donné la vie l'a entamée », disait Sénèque[19]. Fuir la mort, c'est se fuir soi-même[20].

Seulement, Montaigne insiste sur le caractère presque banal de la présence de la mort au quotidien. Il ne s'agit pas d'avoir un regard tragique sur l'existence, de considérer la mort comme une épreuve terrible qui capte toute notre attention et justifie notre peur, mais comme une réalité qui fait partie de la vie. Ce deuxième exercice est celui de la dédramatisation. Inutile de se « rider le front », il faut travailler à apprivoiser[21] la mort en comprenant qu'elle fait simplement partie de la condition humaine, qu'un seul jour vécu intensément vaut toute une vie[22], qu'une vie limitée est préférable à une vie sans fin[23]. Le « savoir mourir » est une sagesse qui nous affranchit du « poltron » qui est en nous. « Apprenons à le soutenir de pied ferme, et à le combattre[24]. »

Dans le troisième livre des *Essais*, Montaigne affine son rapport à la mort. Il commente les *Tusculanes* de Cicéron : « La vie des philosophes tout entière est préparation à la mort » ; « Il m'est avis que c'est bien le

19. Cité in *ibid.*, p. 155.

20. *Ibid.*

21. *Ibid.*, « Otons-lui l'étrangeté, pratiquons-le, accoutumons-le, n'ayons rien si souvent en tête que la mort. »

22. *Ibid.*, p. 156 : « Et si vous avez vécu un jour, vous avez tout vu. »

23. *Ibid.*, p. 158 : « Imaginez de vrai combien serait une vie perdurable, moins supportable à l'homme et plus pénible, que n'est la vie que je lui ai donnée », nous enseigne dame Nature.

24. *Ibid.*, p. 147.

bout, non pourtant le but de la vie ; c'est sa fin, son extrémité, non pourtant son objet[25]. »

Conscient que l'anticipation continuelle de la mort peut produire l'effet inverse de celui recherché – la paix –, il cite encore Sénèque : « Il souffre plus qu'il est nécessaire, celui qui souffre avant qu'il soit nécessaire[26] », puis réoriente sa réflexion sur la vie plutôt que sur la mort. Nous troublons la vie par le soin de la mort[27], et « si nous avons su vivre constamment et tranquillement, nous saurons mourir de même[28] ». On interprète généralement les propos de Montaigne dans le livre III comme en contradiction avec ceux du livre I. Je veux y lire une coloration différente : la mort est d'abord apprivoisée et c'est une première étape stoïcienne ; puis elle est reléguée au second plan, car la vie est aimable pour elle-même et Montaigne, en épicurien, la « cultive telle qu'il a plu à Dieu de nous l'octroyer [...] la tempérance est modératrice, non adversaire des voluptés[29] ».

Montaigne rapporte la coutume mentionnée par Hérodote, selon laquelle « les Égyptiens, après leurs festins, faisaient présenter aux assistants une grande image de la mort par un esclave qui leur criait "Bois et t'éjouis, car, mort, tu seras tel[30]." »

Le plus grand des plaisirs ne peut évacuer la limite de notre destinée. Et, au contraire, la mort exprime en

25. *Ibid.*, livre III, p. 338.
26. *Ibid.*
27. *Ibid.*, p. 337.
28. *Ibid.*, p. 338.
29. *Iibd.*, p. 412-413.
30. *Ibid.*, Livre I, p. 151.

creux l'identité singulière que nous constituons, identité mystérieuse dont le terme terrestre est inéluctable. *Personne* signifie à la fois l'individu unique que je suis, et son absence – dans l'expression « il n'y a personne ». La personne dans ce qu'elle a d'unique, de singulier, est confrontée dans la mort à sa propre disparition. Point final de son existence terrestre, l'individu peut se rassembler dans une ultime prise de conscience, même si l'on admet que nombreux sont ceux qui, à l'image de César, souhaitent une mort non préméditée et courte[31]. Mourir sans en avoir conscience pour éviter les affres de son imminence.

« Mort, échéance de fin de moi », dit l'humoriste. Il n'y a que moi qui meurs, je suis seul et vulnérable. La mort est un secret impénétrable avant de mourir, et après, pour tous ceux qui observent leur défunt sans vie. Le sage n'évacue pas la mort, il la sait présente tout au long de sa vie sans lui accorder de prééminence. Cette juste appréciation est contiguë de la résilience qui s'oppose à cette dernière limite avec énergie. La résilience est, en dernière analyse, un recul de la mort, et elle suppose une attitude paradoxale à la fois consciente et distanciée. La mort franchit sans retour possible la porte secrète qui interrompt le fil des possibles, elle appose une signature définitive à une histoire singulière. Mourir signe la vie terrestre en passé totalement achevé, clôture définitive sans aucun nouvel ajustement possible. Ce qui est fait est fait.

---

31. *Ibid.*, livre III, p. 454, n. 28.

Se découvrir résilient

La présence en filigrane de la mort n'empêche pas la vie de prendre tout le champ de la conscience et Montaigne en adoptera finalement la philosophie. Échapper à un événement potentiellement fatal, soit par chance, soit par un combat, apporte un soulagement immense. Parce qu'elles sont souvent moins fréquentes, les épreuves conduisent à une connaissance de soi différente que celle résultant de la vie quotidienne. Elles font apparaître de nouvelles attitudes, des qualités insoupçonnées, comme des désillusions. Certains se révèlent dans l'épreuve, d'autres sombrent. *L'Iliade* et *L'Odyssée*, textes fondateurs de la culture grecque, sont des récits de guerre, où l'essentiel de la valeur humaine se découvre dans l'affrontement des héros. Seule l'excellence mérite d'être connue et honorée. Or, elle se révèle principalement dans l'adversité. C'est elle qui fait l'objet de récits héroïques. Le *Petit Robert* propose, comme première définition de la valeur : « Ce en quoi une personne est digne d'estime. » En ce sens, la signification classique de la « valeur » qui « n'attend pas le nombre des années[32] » concerne le courage. L'adversité révèle le vrai moi passé au crible de l'obstacle, au feu de l'affrontement. À l'origine, la valeur désignait la force vitale, la santé, d'où le mot *valide*, qui a la même étymologie. De son premier sens de « force physique », il a glissé vers la force morale, et tout particulièrement celle du guerrier confronté

32. Pierre Corneille, *Le Cid*, le héros affirme : « Je suis jeune, il est vrai ; mais aux âmes bien nées, / la valeur n'attend point le nombre des années. »

à l'obstacle majeur qu'est la mort. Il a fallu du temps pour admettre que la valeur humaine consiste également – et d'abord – dans la sagesse ou la sainteté, valeurs moins belliqueuses et, au fond, plus humaines.

Le référentiel de la connaissance de soi n'est donc pas tout à fait le même dans l'épreuve et dans la tranquillité. L'épreuve nous révèle à nous-mêmes, elle constitue comme un raccourci qui permet d'accéder à soi avec plus de rapidité et de vérité, et sur des zones de la personnalité profonde, demeurées jusqu'alors inexploitées. D'autre part, l'épreuve transforme : après elle, on n'est plus le même, parce qu'on se découvre des qualités et défauts jusqu'alors invisibles, mais aussi parce qu'on tire des leçons des succès et des échecs, on apprend à ne pas reproduire ses erreurs, à aborder ses tribulations avec plus d'assurance, en trouvant une posture mieux adaptée.

Si l'épreuve augmente la connaissance de soi, la connaissance de soi prépare à l'épreuve comme première étape d'un travail sur soi. L'hypersensible exagère la menace d'un événement à venir ? Qu'il médite sur le fait que la peur est mauvaise conseillère, qu'il existe une différence entre la menace réelle et celle que l'on imagine... L'arrogant se montre-t-il excessivement confiant ? Qu'il médite sur le fait que l'on sort rarement victorieux du combat contre un ennemi sous-estimé. Le pessimiste se jauge-t-il à l'aune de ses seuls échecs ? Qu'il médite et s'exerce à des pratiques nouvelles qui lui font découvrir des voies non encore exploitées. La connaissance de soi n'est féconde que si elle débouche sur une relation renouvelée au monde, plus sage et ajustée.

Se connaître en tant que sujet résilient, c'est effectivement prendre au sérieux cette découverte de soi même à travers l'épreuve, mais également dans sa préparation. Parmi les moyens que la personne met en œuvre pour affronter des événements parfois cruels, certains sont excellents, d'autres non. Elle en a plus ou moins conscience. Les recherches psychologiques et thérapeutiques sont ici précieuses. Elles scrutent les mécanismes inconscients qui réagissent malgré nous dans l'épreuve et les comportements adaptés. Il faut prendre conscience des premiers pour en combattre les effets pervers, et encourager les seconds qui opèrent une véritable libération de notre moi profond.

Faire face : la part construite de la résilience

La vie continue après le traumatisme

Survivre aux traumatismes est le premier pas de la résilience. Malgré ses limites, l'être humain dispose d'atouts qui sont loin d'être insignifiants pour survivre dans un environnement difficile. En suivant la lente évolution des Primates, on s'aperçoit que la *Nature* a doté l'espèce humaine de qualités physiques, sociales et intellectuelles qui sont devenues des atouts pour dominer le monde, à tel point que son pouvoir devient aujourd'hui une menace pour son environnement si elle n'arrive pas à se montrer raisonnable et créative. En focalisant notre regard sur les sociétés et les individus, nous observons que la survie est un préalable, que la vie humaine doit *continuer avec* le traumatisme subi, ou encore avec ses effets toujours bien présents. Il s'agit également de viser un mieux-être qui ne se satisfait pas d'une qualité de vie médiocre. Il faut faire face, réagir à ces agressions passées ou encore présentes. Une panoplie d'attitudes et de stratégies existe pour rendre possible la vie après le traumatisme, ou pour progresser vers une plus grande autonomie.

Distinguer mécanismes de défense et coping

Quand l'être humain n'est pas détruit par le traumatisme, il peut lui faire face, lutter contre ses causes et ses effets. Se mettent en place des comportements involontaires ou volontaires, comme autant de réactions plus ou moins conscientes. La réaction à un traumatisme peut être consciente et volontaire, notamment quand on décide de réduire son anxiété. On apprend des exercices physiques comme la respiration pour ne pas suffoquer devant un événement ou son souvenir. Souvent accompagné par un professionnel, on progresse dans le traitement de ses images mentales par des exercices appropriés. Cette attitude acquise est librement consentie, consciente : ce sont les propriétés du *coping*.

Mais il existe également des comportements inconscients et involontaires, comme ceux qui apparaissent spontanément devant une menace que l'on refuse. Le déni en est un exemple classique. En présence d'une situation violente, on exclut inconsciemment de sa conscience une partie de la réalité insupportable. Il s'agit là d'un mécanisme de défense inconscient et involontaire.

Les psychologues distinguent donc les « mécanismes de défense » et les stratégies de « *coping* », ces derniers constituant « des opérations mentales volontaires par lesquelles le sujet choisit délibérément une réponse à un problème interne et/ou externe[1] ». Le verbe anglais *to cope* signifie « affronter, faire face ». Il possède la même étymologie que le français *coup*, qui provient du latin *colaphus,* « taloche, coup de poing », lui-même issu du grec *kolapto*, qui signifie « entailler, becqueter » – ainsi *dryokoláptès* est-il le nom hellène du pic-vert, avec cette idée de coups de bec répétés que l'on retrouve dans le geste de marteler. Le *coping* garde cette idée d'affronter un obstacle avec énergie et dans la durée, comme le pic-vert lorsqu'il creuse son trou dans un tronc d'arbre.

> « Ainsi, le *coping* est décrit comme conscient, flexible, réfléchi. Il permet des choix et est orienté vers la réalité présente et vers le futur. Il favorise l'expression ouverte et modérée des affects et engendre des compromis réalistes entre désirs et affects. Il rend le sujet capable d'exprimer de manière diversifiée ses affects et ses cognitions. Les mécanismes de coping constituent en fait des modes de résolution des problèmes généraux de la vie. Les défenses, quant à elles, sont rigides, contraignantes. Elles subissent la pression du passé, distordent la réalité présente, orientent mal les expériences et les réactions du sujet. Les défenses nient la logique et la causalité. Elles impliquent un mode non différencié et magique

1. Henri Chabrol, « Les mécanismes de défense », *in* Association de recherche en soins infirmiers, *Recherche en soins infirmiers*, 2005/3 n° 82, p. 31-42, ISSN 0297-2964 DOI 10.3917/rsi.082.0031 ; https://www.cairn.info/revue-recherche-en-soins-infirmiers-2005-3-page-31.htm

> de pensée. Les défenses sont centrées sur l'anxiété plutôt que sur les problèmes qui l'engendrent et permettent des bénéfices par subterfuge. Les mécanismes de fragmentation sont automatiques, ritualisés et se manifestent de manière irrationnelle. Ces mécanismes déforment très nettement la réalité et constituent un échec du moi[2]. »

Il faut pourtant nuancer ces propos défavorables : les mécanismes de défense comme les réponses de *coping* peuvent être adaptés ou non. L'humour face à un stress considérable peut constituer une réaction appropriée, mais largement inconsciente (on ne peut pas être drôle sur commande, et le processus d'élaboration de l'humour est spontané). *A contrario*, une réponse de *coping* peut s'avérer inefficace alors qu'elle est volontaire et consciente, comme la décision de refuser le dialogue avec quelqu'un qui déplaît alors qu'une attitude plus relationnelle serait possible.

Autre précision : contrairement à ce que l'on pourrait croire, la passivité n'est pas liée au mécanisme de défense, ni l'activité au *coping*. Chacun d'eux peut s'exercer sur ces registres. On peut adopter un comportement de *coping* passif, comme l'attitude du lâcher-prise qui consiste à cesser de vouloir maîtriser une situation incontrôlable. L'humour – encore lui – est un mécanisme de défense dynamique.

En fait, les deux notions – mécanismes de défense et stratégies de « *coping* » – proviennent de cultures

---

2. Serban Ionescu, Marie-Madeleine Jacquet, Claude Lhote, *Les mécanismes de défense*, Dunod, 2020, chapitre x, n. 10.

thérapeutiques différentes. Les premiers ont été découverts par la psychanalyse, alors que les secondes sont tout particulièrement étudiées par les psychologues de la santé et les thérapeutes cognitivo-comportementalistes[3]. Ces deux cultures semblent avoir développé une réflexion parallèle, et les liens mériteraient d'être approfondis entre leurs approches respectives. Leur opposition est largement artificielle, car en toute personne, mécanismes de défense inconscients et stratégies de *coping* coexistent plus ou moins : « L'opposition entre les défenses qui seraient pathologiques et le coping qui serait adaptatif est maintenant dépassée[4]. »

Une approche intégrative[5] nous paraît en effet souhaitable. En s'appuyant sur la distinction aristotélicienne du volontaire et de l'involontaire – accessible et suffisamment globale –, on peut approfondir les clés de compréhension des comportements humains : ceux qui nous permettent de résister aux traumatismes en mobilisant toutes les énergies disponibles, volontaires ou involontaires.

Pour une philosophie des processus de défense

Aristote enseignait qu'une action involontaire a deux sources : la contrainte et l'ignorance. Cela nous éclaire pour aborder les comportements que l'on met

3. Henri CHABROL, *op. cit.*, p. 32.

4. *Ibid.*

5. L'expression est tirée du livre de Serban IONESCU, Marie-Madeleine JACQUET, Claude LHOTE, *Les mécanismes de défense*, Dunod, 2020, chapitre 6, *Pour une approche intégrative des processus psychologiques d'adaptation.*

en place afin de lutter contre un traumatisme. Devant une violence subie, notre organisme biologique et psychique adopte des comportements irréfléchis pour se défendre. L'activiste se perd dans l'action, pour ne pas souffrir d'un événement, le rationaliste se rassure en conceptualisant et en imposant une logique à l'événement traumatique, le rêveur se réfugie dans son fantasme… Ces comportements sont automatiques, dès lors qu'ils ne passent ni par la délibération ni par le consentement, et leurs effets peuvent conduire à l'erreur ou faire souffrir. Il s'agit surtout d'une contrainte interne au sujet agissant : poussé à adopter un comportement spécifique, le moi intime est dépossédé de sa liberté en raison de facteurs endogènes qui lui échappent.

Pour Aristote, l'ignorance est également un obstacle à l'action volontaire. Les mécanismes de défense sont inconscients, au moins partiellement : on ne se rend pas toujours compte de leur action, ils sont automatiques d'où leur appellation « mécanismes ». Le manque de prise de conscience, le fait qu'ils ne soient pas réfléchis, diminue le pouvoir sur soi-même de rester libre. De même que l'éthique d'Aristote cherche à donner toute sa place à l'action volontaire, l'approche cognitivo-comportementaliste consiste à accompagner un moi pour qu'il s'adapte librement et en connaissance de cause aux défis de son existence. Derrière cette recherche qui vise un même but sans utiliser les mêmes concepts, se profile une anthropologie qui privilégie la délibération, sommet de la vie psychique humaine.

Ces sujets intéressent la philosophie, et un dialogue interdisciplinaire fécond est l'occasion de s'adresser à un public élargi : toute personne à un moment de sa vie connaît des épreuves, des traumatismes sur lesquels elle s'interroge, qui la perturbent et la poussent à effectuer un « travail sur soi », accompagné ou non. C'est d'ailleurs cette finalité que se donnait la philosophie stoïcienne :

> « Dans l'Antiquité, le non-philosophe se décide à se convertir à la philosophie parce qu'il prend conscience de l'état d'insatisfaction et d'inquiétude dans lequel il se trouve. Il veut donc se soumettre à une thérapie[6]. »

Plutôt que de déléguer entièrement l'analyse de soi à un expert, on cherche à découvrir par soi-même comment intégrer les événements vécus. Cette approche existentielle part du constat que chacun est premier responsable de lui-même, de ses actes, et qu'il lui appartient de progresser dans la conquête de soi.

Les processus de défense qui favorisent la résilience

Quels sont donc ces processus de défense ? On peut citer diverses listes qui vont de 10 (Anna Freud) à 29 mécanismes, voire jusqu'à 43[7] ! À tel point que le psychiatre américain George Eman Vaillant remarque non sans humour qu' « il y a autant de défenses que notre

6. Pierre Hadot, *La philosophie comme éducation des adultes : textes, perspectives, entretiens*, p. 299.
7. Serban Ionescu, Marie-Madeleine Jacquet, Claude Lhote, *op. cit.*

imagination, notre témérité ou notre aisance verbale nous permettent d'en inventorier[8]. »

C'est du bon sens : nos réactions de défense dépendent de notre personnalité à chacun plus ou moins combative, de notre énergie, de notre santé, de notre équilibre émotionnel, de notre intelligence pratique ou contemplative, de nos expériences... À ces facteurs internes et subjectifs s'ajoutent des facteurs externes comme la nature, l'importance et les circonstances du traumatisme, l'environnement, les personnes concernées, etc.

La psychanalyse utilise une topologie psychique qui distingue différentes instances comme le *ça* – l'ensemble des pulsions libidinales, sexuelles et agressives –, le *moi* – arbitre à la recherche d'un équilibre optimal entre le *ça* et le *surmoi*, qui est l'instance parentale intériorisée, qui devient le gardien de l'ordre établi. Freud cherche à traiter les conflits intérieurs, notamment entre le *ça* explosif et le *surmoi* normatif. Il définit les mécanismes de défense comme l'ensemble « des procédés dont se sert le moi dans les conflits susceptibles d'aboutir à une névrose[9]. » Il s'agit d'assurer « la protection du moi contre les exigences pulsionnelles[10]. » Ces « mécanismes » sont considérés par Freud comme des objets susceptibles d'une nouvelle analyse scientifique,

8. Cité *in* Serban IONESCU, Marie-Madeleine JACQUET, Claude LHOTE *op. cit.*, chapitre I, Listes de mécanismes de défenses, la question du nombre.

9. FREUD, *Inhibition, symptôme et angoisse,* Appendice

10. Élisabeth ROUDINESCO et Michel PLON, *Dictionnaire de la psychanalyse,* Fayard, 1997, p. 204.

qui renvoie à une vision mécaniciste et pré-éthique de la défense du moi.

Pour ce qui nous concerne, l'expression « processus de défense » englobe d'une part les « mécanismes », largement inconscients, et d'autre part les stratégies de *coping* qui, elles, sont délibérées. On peut souhaiter en effet une vision plus unifiée de la personne.

Mobiliser son corps

Veiller à sa santé

Que mobilise-t-on pour faire face à un traumatisme ? Selon les personnes et les situations, les configurations sont évidemment très différentes. Mais, puisque toute personne dispose d'un corps, on peut commencer par s'intéresser à lui : il est notre premier lieu de défense. Les études neurologiques montrent que notre relation au monde passe forcément par notre corps. La première pensée qui vient souvent, c'est l'**exercice physique**, avec cette idée très simple que la mobilisation active de son corps rend la personne capable de se défendre contre les épreuves de la vie, qu'elles soient intimes ou spirituelles. Aussi doit-il être préservé pour lutter contre la fatigue du stress, pour ressentir et conserver durablement son énergie. La sédentarité diminue notre activité physique, le surpoids crée des stress qui entament notre aptitude à la résilience. L'équilibre de la santé passe aussi par une **hygiène de vie** complète, une connaissance des aliments sains et nocifs selon chacun. En 2016, on comptait 13% de personnes adultes obèses dans le monde[11], 39 % en surpoids. Le taux d'obésité a triplé entre 1975 et 2016. Être bien dans son corps suppose une discipline alimentaire, mais aussi de sommeil : les Français dorment en moyenne une heure trente de moins qu'il y a 50 ans[12]. Repos, bien-être, exercice, alimentation saine sont les passages obligés d'une bonne santé, indispensable pour faire face à des traumatismes.

Reconnaître nos mécanismes de défense

Une autre approche du corps peut se faire par le plaisir, plutôt que par la santé. La sensation nous inscrit dans l'existence, son intensité est telle qu'elle peut constituer un processus de défense spontané contre un traumatisme. *Manger* et *boire* sont d'ailleurs considérés comme des mécanismes de défense à part entière dans la liste *Valenstein*[13]. Toutes les expériences de plaisir corporel – *saines ou non* – peuvent entrer dans cette rubrique : tabac, alcool, sexualité, vitesse… En augmentant une activité naturelle, le sujet éprouve une intensité sensitive, un plaisir qui le détourne du facteur de stress et lui procure un répit. C'est de bonne guerre tant que l'on reste à peu près maître de soi, mais arrive le point de rupture,

11. Chiffres de l'organisation mondiale de la Santé, https://www.who.int/fr/news-room/fact-sheets/detail/obesity-and-overweight#

12. https://www.inicea.fr/trouble-du-sommeil-chiffres-cles.

13. Serban IONESCU, Marie-Madeleine JACQUET, Claude LHOTE, *op. cit*, chapitre I, « Listes de mécanismes de défenses, la question du nombre », § 3.

où l'excès devient une dépendance qui fait perdre en liberté ce que l'on croit gagner en plaisir. L'addiction rend le sujet esclave d'une activité dont il ne peut plus se passer. Le mécanisme de défense peut alors devenir plus dangereux que le facteur de stress lui-même.

A contrario, on peut observer des mécanismes de défense où ce n'est pas l'excès, mais le défaut, qui est utilisé pour combattre le conflit interne. Déjà, Anna Freud avait mentionné l'**ascétisme** comme mécanisme de défense. D'autres insistent sur l'ascétisme de l'adolescent qui se refuse toute jouissance corporelle, même la plus innocente. Cette forme intense de puritanisme peut aller jusqu'à s'interdire les spectacles, refuser d'écouter de la musique, réduire au minimum sa nourriture quotidienne, son sommeil, ainsi que tous les plaisirs liés aux perceptions sensibles. La logique induite est de s'assurer que l'on peut, malgré l'épreuve subie, contrôler encore quelque chose, qu'il existe au moins un endroit, à savoir son corps, où son propre pouvoir peut encore s'exercer. Le prix à payer – la souffrance physique – est une preuve de la maîtrise dont on reste capable. Ce n'est pas du masochisme, mais la satisfaction de se contrôler.

On peut ainsi constater l'ambiguïté des mécanismes de défense. Source de bien-être quand ils réduisent la tension parfois insupportable de l'épreuve traumatique, ils peuvent néanmoins conduire à l'addiction. Il est facile d'éprouver la satisfaction corporelle, au point qu'elle devient un véritable remède. En se concentrant sur un objet différent ou inconnu, la diversion physique permet de déclencher une dynamique saine sur une nouvelle activité. Mais ce n'est pas toujours le cas, loin de là. La mise en mouvement du corps peut devenir un refuge, un évitement, une fuite. Le sport lui-même peut devenir une addiction, tout comme l'activité professionnelle lorsqu'elle en vient à envahir le champ de la conscience pour combler un vide intérieur. En outre, sans être forcément un refuge, l'**activisme** peut aussi devenir une habitude, surtout quand on est compétent et qu'on se lance dans un projet légitime et valorisant socialement. S'il est bien normal de donner des coups d'accélérateur dans sa vie professionnelle, la suractivité peut se transformer en piège : de l'autre côté de l'Atlantique, on appelle « *workaholics* » ces esclaves du business.

Si l'activisme peut constituer une ivresse de l'action désirée pour elle-même – sans être vraiment orientée vers un but –, nous avons tous l'expérience d'une **action libératoire** : plutôt que de rester prostré dans une attitude figée, paralysé par l'ampleur de l'émotion, on prend sa vie en main, on mobilise son corps, on trouve une activité qui nous arrache à l'étreinte d'un traumatisme ou d'une épreuve ; on marche, on fait du sport, du shopping, le corps devient le meilleur ami de la résilience... Régulée, l'énergie qui nous porte à l'action peut devenir féconde. Or, on ne sait pas toujours que l'on dispose de ce pouvoir d'agir. « Essayer de résoudre un problème[14] » est une voie de bon sens qui détourne l'attention vers la cause de l'émotion, plutôt que de s'en distraire. Quand cela s'avère impossible pour toutes sortes de raisons, l'accompagnement d'un professionnel devient alors indispensable. Mais il arrive aussi que cette voie n'ait tout simplement pas été explorée, ou pas suffisamment, et le seul fait de s'y engager restitue à la personne le sentiment de s'appartenir, à tout le moins d'amorcer une conquête de soi prometteuse.

Comprendre le pouvoir du corps

C'est d'autant plus vrai que le corps détient des informations et réagit sans que l'on s'en rende compte. Des capteurs peuvent être installés thérapeutiquement sur des sujets, pour amplifier leurs signaux physiologiques grâce à un appareil de ***biofeedback***. Un praticien les informe de leurs réactions physiologiques. Ainsi alertés, ils sont capables de réagir en faisant par exemple un exercice de détente musculaire ou de respiration qui augmente le contrôle des stress. Ces techniques rendent visibles les réactions involontaires et profondes

14. C'est le premier principe évident d'une liste des « 10 voies de *coping* » que donne la chercheuse américaine Robin DiMatteo, qui est reprise par Isabelle Paulhan et Marc Bourgeois, *op. cit.*, p. 112. Voici la liste complète : 1. essayer de résoudre le problème ; 2. réguler les réactions émotionnelles ; 3. essayer de maintenir un sentiment de contrôle cognitif et comportemental ; 4. aborder la tâche comme un *challenge* (défi) ; 5. avoir un engagement fort pour ce que l'on fait ; 6. avoir une vue d'ensemble et trouver un sens au monde ; 7. demander et utiliser un support social ; 8. faire de l'exercice régulièrement ; 9. avoir une alimentation saine ; 10. dormir suffisamment.

du corps, et confirment la puissance de celui-ci sur le psychisme. Grâce à des séances de *biofeedback*, les patients sont de plus en plus aptes à reconnaître sans capteurs les signaux faibles de leur corps, et à les utiliser pour obtenir une meilleure maîtrise d'eux-mêmes.

D'autres méthodes thérapeutiques réduisent le stress traumatique en partant des sensations externes du sujet : elles poussent celui-ci à adopter un comportement inadapté en provoquant chez lui une sensation pourtant anodine. La célèbre « expérience du petit Albert » menée par l'Américain Watson au début du XXe siècle paraît scandaleuse aujourd'hui, mais elle a permis de mettre en lumière le phénomène de conditionnement des êtres humains. Watson présente un petit rat blanc à un bébé, qui s'en amuse tout d'abord. Dès qu'il veut le toucher, le psychologue frappe fort une barre métallique avec un marteau. Le bruit effraie l'enfant qui se met à pleurer. Watson recommence plusieurs fois l'expérience de façon identique. Rapidement, le bébé pleure dès qu'il voit le rat, parce qu'il l'a associé au bruit effrayant. Ce conditionnement s'élargit : le bébé va commencer à avoir peur des lapins blancs, des chiens blancs, des objets en peluche blanche… L'histoire se termine mal, car Watson n'a pas eu le temps de détruire l'anxiété du bébé. En le voyant phobique de tous les petits animaux blancs, sa mère lui a aussitôt retiré son fils.

L'intérêt de cette histoire est de comprendre à la fois le conditionnement et le **déconditionnement**, puisqu'ils fonctionnent de la même façon. Si, en effet, une expérience malheureuse peut créer chez un sujet une relation de cause à effet entre une perception – la vue du rat blanc – et une émotion violente –la peur, qui suscite les pleurs –, on peut imaginer que le déconditionnement consiste à recommencer l'expérience en sens inverse. Le thérapeute va aider le sujet à associer la perception redoutée à une émotion positive. Ce déconditionnement peut se montrer très efficace :

> « Un nombre limité de séances est souvent suffisant pour résoudre divers problèmes tels que la phobie des vols aériens, la peur du dentiste, de parler en public, de passer des examens, des transports publics, etc[15]. »

Le corps est souvent le premier récepteur d'un traumatisme. Son premier mouvement de défense est de se tendre pour se protéger d'un coup, ce qui réduit effectivement la force de l'impact. Mais la tension peut se prolonger et devenir inutile. Choqué par un événement ou une information, le corps se raidit, et conserve sa rigidité bien au-delà du traumatisme. Le comportement de défense devient lui-même un obstacle au bien-être. C'est ici qu'un travail sur soi-même peut se révéler efficace, grâce à des **techniques de relaxation**. Il en existe une grande variété, de la sophrologie à la méthode Vittoz ou Feldenkrais, en passant par le *yoga*, le *Qi gong*, la méditation… Apprendre à respirer, assouplir les articulations, rétablir la conscience et l'estime de soi, tels sont quelques bienfaits de ces techniques. Maîtriser son corps en sachant le décontracter est une étape décisive de la résilience.

15. *Ibid.*, p. 111.

La tempérance comme juste milieu

Si le corps possède un fonctionnement propre largement involontaire, on découvre que les techniques mentionnées précédemment ont pour finalité d'augmenter la conscience et la maîtrise de soi. Il est remarquable qu'Aristote aborde la vertu de tempérance comme une excellence qui se situe entre un manque et un excès. Il appelle « insensibles » ceux qui n'accordent aucune valeur au plaisir, et intempérants ceux qui en accordent trop. Entre les deux se situe la sagesse de celui qui apprécie les plaisirs de la vie et sait ne pas en abuser, l'équilibre de celui qui accorde au bien-être sa juste place. Ce juste milieu est différent selon les personnes, il n'y a pas de règle universelle. Aussi appartient-il à chacun de se connaître, pour définir quelle place accorder au plaisir, quel effort consentir pour le maîtriser, bref quelle ligne de conduite adopter pour vivre au mieux dans son corps. Ce point d'équilibre est une excellence : la tempérance est une sagesse pratique qui préserve des excès épuisants et destructeurs et se réjouit simplement des moments agréables de la vie, de la sérénité que procure une bonne santé. Cette disposition est acquise par l'éducation, la connaissance de soi, l'entraînement. Au fur et à mesure des actes que l'on pose et qui la renforcent, elle devient stable. La pratique du jeûne en est un exemple : se priver de nourriture, de boisson, de distraction sur les écrans est une école de liberté qui favorise la prise de conscience que la vie m'appartient, qu'elle n'échappe pas à ma vigilance, que l'exercice que l'on s'impose est un gage de conquête de soi.

Cette vision *éthique* de l'action tempérée réunit les différentes dimensions de notre rapport au corps. Elle associe l'hygiène de vie, l'entraînement, les plaisirs : des savoir-faire pour un savoir-être. Dans sa chair, dans ses flux sensoriels, dans sa fonction vitale et dans sa force, le corps est le premier support de la relation à soi-même et aux autres. C'est une richesse, car sans notre corps et nos sensations, nous ne pourrions rien connaître ni rien éprouver provenant du monde, et nous ne pourrions pas communiquer. Mais c'est aussi un défi, car le corps a des exigences que l'on ignore trop souvent. Le recours à la raison transforme les mécanismes en comportements délibérés. On peut alors s'appuyer sur les remarquables progrès de la médecine et de l'hygiène pour définir un mode de santé personnalisé. Le corps souffrant est soigné grâce à des techniques appropriées. L'équilibre de vie remplace progressivement l'omniprésence du traumatisme et rétablit le corps dans sa véritable dimension : devenir un instrument de don.

Retrait apathique, bouc émissaire, identification

Un évitement parfois nécessaire

Pour éviter d'être confronté à une autorité que l'on réprouve et que l'on ne peut pas éviter, on peut pratiquer le retrait. On parle de **retrait apathique** pour désigner cette indifférence à l'autre qui n'invite pas à la relation, cette soumission passive et minimale qui interdit le reproche et décide du non-engagement. Celui ou celle qui adopte une telle carapace n'a plus aucun espoir de retrouver une relation positive. La confiance est perdue, la relation gelée. C'est la situation du collaborateur qui connaît une expérience managériale désastreuse avec son supérieur. Il pense avoir épuisé toutes les ressources en son pouvoir pour sauver la relation, et la voie lui semble sans issue. En même temps, il ne peut pas se permettre de perdre son travail. Pour sortir du piège, il réduit la relation à un refus défensif, une indifférence polie et têtue, une quasi-absence devant son supérieur.

Dans les entreprises, c'est ce que l'on nomme le « *quiet quitting* », cette « démission silencieuse » des salariés qui choisissent de faire le strict nécessaire contractuel. On peut comprendre une telle attitude face à un management cruel, un salaire injuste ou un travail rébarbatif sans compensations… Mais en générant de l'hostilité, la neutralité relationnelle devient invivable sur le long terme. Mieux vaut donc qu'elle reste provisoire, que le manager l'interprète à temps comme le signal d'un dysfonctionnement pour réagir et crever l'abcès.

De l'agression passive au bouc émissaire

À l'inverse de ce retrait, les psychologues insistent beaucoup sur l'agression passive, à l'image du retrait apathique qui partage avec elle une certaine hostilité. L'agression passive consiste à s'opposer à l'autre sans violence active. Une opposition impuissante en somme, qui demande une grande énergie et peut conduire à un épuisement émotionnel, un *burn-out*. Curieusement, aucun *listing* des mécanismes de défense ne mentionne **l'agression active** – à croire qu'elle soit un impensé de la psychanalyse en ce domaine. C'est pourtant le bon sens populaire qui nous le rappelle : « La meilleure défense, c'est l'attaque. » On pourra toujours objecter que les processus de défense ont précisément pour fonction de contrer les agressions, mais on ne dit jamais clairement que l'agression peut devenir elle-même un processus de défense… contre l'agression. Konrad Lorenz ou René Girard nous ont pourtant mis sur la voie. L'éthologue nous montre en effet que l'agression permet à l'animal d'assurer sa défense et celle de sa progéniture sur son lieu de vie, de se confronter à ses rivaux pour être le mâle dominant qui assurera la survie de l'espèce… L'anthropologue procède à une lecture lumineuse des mythes des peuples primitifs et des grands textes de la littérature occidentale pour révéler le mécanisme du *bouc émissaire*. Ce phénomène universel prend sa source dans la *mimesis* : que des proches vivent ensemble comme des frères et se ressemblent, fassent les mêmes choses, désirent les mêmes objets, ils se transforment alors en concurrents les uns pour les autres. La violence devient la conséquence fréquente de cette proximité mimétique. Ce processus est contagieux, il se propage des individus au collectif, qui forcément se divisera pour prendre parti : Est-ce à Romulus ou à Rémus de devenir roi de Rome ? La charge violente de la société devient telle, qu'il faut recourir à une *catharsis* pour l'expulser : c'est le rôle du sacrifice, qui immole une victime sans risque pour sauver la communauté. Le **bouc émissaire** est le fruit d'une agression consensuelle, quand tout le monde s'accorde à désigner une victime pour se libérer de l'angoisse collective. Œdipe est déclaré responsable de la peste qui règne à Thèbes : c'est lui qui a déclenché la colère des dieux contre le peuple, et il est désigné par le devin Tirésias comme meurtrier de son père et amant de sa mère. Son châtiment est censé rétablir la justice et l'ordre dans la cité. Le processus du bouc émissaire est d'autant plus efficace qu'il demeure méconnu de ceux qui le mettent en œuvre. Littéralement, « ils ne savent pas ce qu'ils font ». Aux yeux de René Girard, le message évangélique dénonce ce mécanisme violent, pour appeler à une conversion qui consiste à le reconnaître et à s'en libérer.

En attendant, le mécanisme du bouc émissaire est bien présent dans les communautés humaines. Un événement déclencheur ou un traumatisme ont tôt fait de le mettre en place. En 1988, ont lieu deux graves accidents de chemin de fer, l'un gare de Lyon, l'autre gare de l'Est, faisant 57 victimes. Devant l'émotion générale, le président de la SNCF Philippe Rouvillois démissionne. Il n'était pour rien dans ces accidents, mais sa position de responsable ultime, le désigne – à l'image d'Œdipe – comme un fusible que l'on « fait sauter » pour assouvir l'anxiété générale. Voici un exemple typique de réduction violente symbolique. Ne rien faire eût été l'aveu d'une impuissance. Désigner une victime innocente donne l'impression que l'accident a une cause précise. Elle-même peut d'ailleurs consentir au châtiment qu'elle subit, car elle n'est pas toujours capable de décrypter la logique victimaire dont elle devient la solution. Le phénomène du bouc émissaire est complexe : l'équilibre social qu'il défend, et la méconnaissance qu'il suppose rendent difficiles de s'en libérer et de savoir par quoi le remplacer.

Une lecture révélatrice dessille nos yeux : elle permet de renoncer à ce mécanisme en évitant d'abord de le répéter.

Parce qu'elle manifeste une violence qui ne se fonde sur aucune provocation, l'agressivité est *toujours* une violence injuste, même si l'on peut identifier dans la personne agressive des raisons qui l'expliquent. Mais la colère n'est pas toujours agressivité. Elle est souvent l'énergie émotionnelle qui alimente en nous une opposition saine et légitime. L'indignation désigne précisément ce mouvement de colère que l'on ressent et exprime en face d'une situation « indigne » : il n'est pas toujours suffisant de lui présenter une opposition polie, il faut parfois la dénoncer avec force, hausser le ton, s'exposer avec générosité pour l'affronter et la combattre. Il est des colères libératoires, constructives qu'il faut oser exprimer. Même si Aristote précise que l'homme raisonnable utilise la colère « comme un soldat et non comme un chef ».

Prendre modèle et reproduire

Autre processus de défense, l'**identification** à l'autre. René Girard a montré combien les comportements humains sont mimétiques. L'autre est souvent un modèle ou un concurrent. Son corps, ses gestes, ses attitudes, ses actions ne sont jamais neutres. Ils induisent une réaction de notre part, notamment une similitude de comportement par effet de contagion : le sourire provoque un sourire en retour, la peur est elle-même communicative… De son côté, l'enfant s'identifie à ses parents, surtout à celui de même sexe.

Cette identification est fondamentale dans la construction de soi. Pour Aristote, la *mimesis* est le premier moteur de l'acquisition des connaissances et donc de l'éducation : on devient ce que l'autre fait. Combien de cuisiniers ont découvert leur vocation en regardant leur grand-mère préparer un plat resté gravé dans leur mémoire, et qui inspirera à jamais leur choix de profession. S'identifier, c'est d'abord se comparer à l'autre, apprécier en lui ce qu'on n'a pas encore, s'émerveiller devant le geste qu'il pose, dont on n'est pas encore capable. Alors on l'imite, on l'assimile, on devient en quelque sorte l'autre. Les psychologues montrent le lien entre l'identification et l'*incorporation*, cette ingestion de l'autre par le corps, pour devenir comme l'autre. Rien que de très naturel dans tout cela.

Or, l'identification est également un processus de défense. On observe des comportements curieux, comme celui de la victime qui s'identifie à son agresseur. Le « syndrome de Stockholm » décrit assez bien cette situation : en 1973, un évadé de prison braque une agence bancaire à Stockholm. Devant l'intervention rapide de la police, il prend quatre personnes en otages. Il obtient la libération de son compagnon de cellule, et tous les six se retranchent dans la chambre forte. Alors se produit un événement inattendu : otages et agresseurs deviennent solidaires et développent ensemble une grande méfiance à l'égard de la police. Trois jours plus tard, des gaz anesthésiants sont introduits dans la chambre forte après qu'on eut fait des trous dans le plafond, ce qui prélude la libération des otages. Avant de quitter les lieux, les voilà tous, otages et agresseurs, à s'embrasser et s'adresser de chaleureux adieux. Les quatre otages refuseront de témoigner à charge, ils se cotiseront pour assurer la défense de leurs agresseurs et leur rendront visite en prison. Une femme prise en otage entretiendra même une relation amoureuse avec l'un d'eux !

Trois facteurs favorisent l'identification des victimes à leur agresseur : ce dernier présente un discours construit ; il n'existe pas d'*a priori* raciste ou haineux entre eux ; enfin, les victimes n'ont jamais entendu parler de ce mécanisme d'identification à un agresseur. La situation exceptionnelle de la prise d'otages présente des similitudes avec celle d'une personne en situation d'autorité qui se comporte en véritable bourreau à l'égard de ceux qui dépendent de lui. Plutôt que de s'opposer à lui, ne vaut-il pas mieux adopter son point de vue, tout faire pour le transformer en allié ? Cette situation est encore fréquente dans les relations managériales toxiques, ou certains responsables abusent de leur autorité par une rhétorique puissante, difficile à contredire. En justifiant les contraintes qu'ils imposent, certains se sentent obligés d'y souscrire, et même, l'acceptent volontiers sans éprouver le sentiment de capituler. Prendre conscience que l'on peut mettre en place un processus de défense – parfois à son insu – est déjà une première étape dans la conquête de soi.

S'affirmer : dire le mal que l'on vit

S'exprimer sur son épreuve s'apprend

L'expérience d'un traumatisme peut créer un autre processus de défense comme le fait de se tourner vers autrui pour le prendre à témoin. Lui exprimer ses sentiments, se sentir écouté et compris en lui révélant ses peurs, ses angoisses, ses frustrations, permet de soulager la tension intérieure. L'**affirmation de soi** par l'expression des sentiments est souvent un besoin vital pour celui qui a vécu un traumatisme. *A contrario*, ne pas pouvoir dire ce que l'on vit peut engendrer une frustration intense. On peut l'observer dans les hôpitaux, lorsqu'un patient atteint d'une maladie grave n'est pas informé de son diagnostic, qu'il ne connaît pas les résultats de ses analyses ou de ses traitements, et qu'il n'arrive pas à obtenir la moindre réponse à ses questions… Dans ce silence imposé où personne ne prend le soin d'écouter, aucune inquiétude exprimée n'est accueillie. Or, le psychologue américain Carl Rogers considère que l'acceptation de ses sentiments et leur expression constitue l'une des plus solides bases d'une thérapie.

Ce processus de défense suggère que l'on puisse exprimer ses émotions, qu'elles soient justifiées ou non. Nous en sommes à une expression « infraéthique », où il s'agit de se décharger de la peur, de l'angoisse ou de la colère qui oppresse, où le respect humain, les bonnes manières, la honte ou la culpabilité sont incapables d'arrêter ce processus. S'affirmer passe par le ton de la voix, les expressions faciales, la posture, le contact visuel… avec une personne en face de soi. On ne cherche pas

banquier[12]. C'est dire que la métaphore physique de la cassure contient une valeur universelle et pas seulement sportive, ou propre à la santé.

Dans son livre *Découvrir un sens à sa vie*, Viktor Frankl raconte l'histoire de Jerry Long :

> « Jerry a eu le cou brisé à la suite d'un accident de plongée qui l'a rendu paraplégique à l'âge de dix-sept ans. Aujourd'hui, il peut taper à la machine à l'aide d'un bâton qu'il tient entre les dents. Il suit des cours à l'Université grâce à un interphone qui lui permet non seulement d'écouter les discussions qui ont lieu en classe, mais encore d'y participer. Il occupe ses loisirs à lire, à écrire et à regarder la télévision. Il m'a écrit ceci : *Ma vie est remplie de sens. L'attitude que j'ai adoptée en ce jour fatidique est devenue ma devise personnelle : je me suis cassé le cou, mais il ne m'a pas cassé*[13]. »

Viktor Frankl a raison d'affirmer haut et fort que la souffrance en elle-même n'apporte aucun sens. Mais il insiste sur le fait qu'il est néanmoins possible de trouver une raison de vivre, en dépit d'une souffrance inévitable. Cette victoire – jamais définitive – est particulièrement surprenante chez une personne handicapée. Il y a tout lieu ici de changer notre regard qui considère volontiers ces personnes comme des victimes et les enferme dans ce statut. Il y a en elles, du fait

12. Ziad K. Abdelnour : « *Until you are broken, you don't know what you're made of.* » https://www.ziadkabdelnour.com/ziad-k-abdelnour-quotes/
13. Viktor Frankl, *op. cit.*, p. 165.

même de leur handicap consenti et habité, une personne profonde qui demande à respirer et rayonner. Étonnamment, le handicap peut provoquer, malgré lui, un raccourci de relation, une fenêtre ouverte sur l'invisible de l'âme, un chemin confidentiel vers une beauté à découvrir.

« Avant j'étais un pourri, maintenant je suis bon[14]. » Ici, il ne s'agit pas d'un progrès symbolique, d'un progrès minuscule en termes d'objectivité. Il s'agit d'un changement, d'une *métanoïa* comme disaient les stoïciens, c'est-à-dire un changement de regard, un renversement de la pensée qui étonne. Oui, une conversion, au sens où l'on abandonne un état ancien, pour en adopter un nouveau. Comme si l'accident n'était pas à envisager du seul point de vue de la régression, mais comme le facteur principal d'une progression. Comme si ce que l'on avait perdu était largement compensé par une nouvelle vie intérieure. Ce que j'ai perdu m'a grandi. Et si c'était vrai ?

Le traumatisme, nous l'avons dit, peut être physique, psychique, moral, ou les trois en même temps, comme pour le cas du viol, où la victime subit une violence dans son corps, mais aussi dans son psychisme et sa dignité. Une blessure de la psyché demande un traitement, une réparation psychique. Par exemple, la mémoire est atteinte, des images ont frappé la conscience, elles s'impriment durablement par leur violence, et le sujet ne peut plus s'en détacher. Des biais cognitifs s'installent facilement et empêchent un jugement sain : on croira vrais des jugements exagérés. Le traumatisme

14. Citation d'un adhérent de l'association Loisirs et Progrès.

nous laver le visage sans savon, dans l'eau sale, et de nous essuyer avec notre veste[15]. »

Pour une victime, la racine de la résilience commence probablement dans cette résistance intime qui refuse la compromission. Être capable au plus profond de soi de dire non, s'opposer d'une façon désarmée, mais irréductible, c'est accomplir son travail d'homme.

> « La faculté qu'a l'homme de se creuser un trou, de sécréter une coquille, de dresser autour de soi une fragile barrière de défense, même dans des circonstances apparemment désespérées, est un phénomène stupéfiant qui demanderait à être étudié de près. Il s'agit d'un précieux travail d'adaptation, en partie passif et inconscient, en partie actif[16]... »

Cette part active, potentiellement présente dès le traumatisme, peut s'accomplir lors de la reconstruction. C'est à une véritable méditation philosophique que se livre Primo Levi : « La conviction que la vie a un but est profondément ancrée dans chaque fibre de l'homme, elle tient à sa nature humaine[17]... »

Et plus loin :

> « Les monstres existent, mais ils sont trop peu nombreux pour être vraiment dangereux ; ceux qui sont plus dangereux, ce sont les hommes

15. Primo LEVI, *Si c'est un homme*, éd. Julliard, coll. « Pocket », 1987, p. 57.
16. *Ibid.*, p. 84.
17. *Ibid.*, p. 107.

> ordinaires, les fonctionnaires prêts à croire et à obéir sans discuter[18]... »

Comprendre, prendre du recul, ne pas céder au désir de vengeance, tel est ce travail de résilience accompli par Primo Levi, mélange de courage pour affronter le mal, et d'humanisme pour comprendre comment cela a été possible. Comprendre c'est aussi être capable de se mettre à la place de ses bourreaux, et même de discuter avec eux[19], dans l'unique but de les juger, non de leur pardonner : « C'est notre devoir de juger, non de pardonner[20]. »

Comprendre comment un bourreau a pu perpétrer un acte traumatisant a pourtant ses limites : « Demande-t-on aux parents qui ont vu tuer leurs enfants de se pencher sur la psychologie des assassins ? », remarque avec bon sens Todorov[21] ? L'intensité inouïe d'un traumatisme tourmente l'intelligence qui cherche une cause. Et cette démarche peut en effet se révéler féconde. Mais il reste la part irréductiblement mystérieuse du bourreau : sa liberté indiscernable ou sa propre incompréhension de lui-même : comment en être arrivé là ? Bref, on peut examiner la culture, la sociologie, la psychologie d'un bourreau, mais la fine pointe du mal reste un mystère sans réponse pour l'intelligence, un scandale sans consolation. Une chose est de situer un traumatisme, de le comprendre

---

18. *Ibid.*, p. 212.

19. « On peut, (on doit !) discuter avec lui » dit Primo Levi dans *Système*, cité *in* Tzvetan Todorov, *Face à l'extrême*, Points Essais, 1994, p. 196.

20. Tzvetan Todorov, *op. cit.*

21. *Ibid.*, p. 284.

globalement, autre chose est de vouloir le *réduire.* L'aveu ou la demande de pardon du bourreau ne guérissent pas forcément le mal enduré. Dans sa tentative de compréhension, l'acte ultime de l'intelligence consiste à porter un jugement qui *arrête* le processus de recherche sur une conclusion, même si celle-ci ne peut pas tout dire de ce qui a été vécu ni effacer l'affliction.

Comprendre est donc nécessaire, mais insuffisant. Plus encore : essayer de toujours mieux comprendre peut devenir un ressassement vain, une rumination dangereuse, une sorte de mise en abyme où l'on espère trouver une clé qui restera introuvable. Le ressentiment et l'épuisement viennent s'ajouter au traumatisme, le désespoir guette. Il faut savoir s'en tenir au jugement de sa conscience, relayé si possible et confirmé par un jugement tiers : d'où l'importance d'un acte de justice public qui apporte à la victime la reconnaissance dont elle a besoin pour opérer sa résilience. Soulagée, elle n'est plus seule.

Ce jugement possède au moins deux fonctions : reconnaître le mal commis et en accuser réception d'une part, clore le sujet et passer à autre chose d'autre part. Ceci est vrai pour la victime, mais aussi pour le bourreau. Le psychanalyste Alain Didier-Weill raconte une histoire saisissante à ce sujet : au cours la guerre du Liban (1975-1990) un terroriste reçoit la consigne d'interdire la traversée d'une rue de Beyrouth en tirant sur toute personne qui s'y risquerait. Arrive une femme, un enfant dans les bras. Elle sait que le tireur est posté en face d'elle, et elle dirige son regard vers lui. Elle voit la mitraillette braquée sur elle et reste un moment sans bouger : manifestement, elle doit passer.

> « Combien de temps a duré ce regard ? Une seconde ? Un quart de seconde ? [...]. Allait-il tirer ou ne tirerait-il pas ? Pourquoi lui qui, en temps ordinaire, obéissait aux ordres sans avoir à délibérer, fit-il, ce jour-là, la fugitive expérience, non pas d'une indécision, mais d'un trou dans l'acte de décider ?
> « Pourquoi fut-il finalement amené à sortir de cette sidération en décidant, sans que cela fût volontairement assumé, de tirer et de donner un arrêt de mort, qu'il put croire définitif, à ce visage qui le regardait[22] ? »

Plusieurs mois plus tard, hanté par ce visage qui regardait sa conscience et l'empêchait de dormir, il ira consulter un psychanalyste pour essayer de guérir de son traumatisme.

Tuer sans raison constitue une expérience d'inhumanité extrême. Il arrive donc – ce n'est pas toujours le cas, hélas – qu'un assassin ou un pervers en prenne conscience lors d'un événement déclenchant (ici la rencontre avec un visage au regard innocent), ou d'autres circonstances, comme l'expérience d'une personne de grande bonté. Il cherche alors à se comprendre, à élucider comment il a été capable de poser un tel acte. Il est confronté au mystère de sa propre liberté, son abyssale ignorance, son incroyable indifférence à l'humanité innocente. Sortant d'un comportement pervers stéréotypé, il accède à l'humanité enfin réveillée en lui, il

22. Alain Didier-Weill, *Les trois temps de la loi*, Seuil, 1995, p. 136.

perçoit le caractère sacré de la personne tuée, torturée, violée, accablée.

Ce n'est donc pas rien de comprendre, à tout le moins d'accéder à la vérité de ce que l'on a commis. S'il est impossible de tout comprendre, il n'en demeure pas moins que le tout premier pas pour sortir du traumatisme subi ou commis, est d'accepter d'y être confronté tout en maintenant une distance qui nous empêche d'y sombrer à nouveau. Entre le déni et le ressassement, une voie étroite mène à la reconnaissance, d'autant plus libératoire que le jugement qui la soutient est confirmé par un tiers crédible.

Le pardon impossible ?

Le pardon existe-t-il vraiment ?

Peut-on aller plus loin que cette recherche active de compréhension ? Pour Primo Levi, nous l'avons vu, le but de cet effort est un jugement sans haine, une justice sans vengeance : « Je ne suis pas un fasciste, je crois dans la raison et dans la discussion comme instruments suprêmes du progrès, et le désir de justice l'emporte en moi sur la haine[23]. »

Il ne s'agit pas de rendre le mal pour le mal, et c'est tout l'humanisme de Primo Levi qui s'exprime dans cette attitude somme toute légitime : comprendre, pour apporter un jugement qui soit le plus juste possible.

Il arrive pourtant que la victime accède à un registre très mystérieux : celui du pardon. Les exemples de

23. Cité *in ibid.* p. 276-277.

pardon sont-ils vraiment authentiques ? Est-il vraisemblable que l'on puisse pardonner à celui qui a commis envers soi un tort grave, traumatisant ? Quand Nelson Mandela sort de sa prison[24] et accède à la présidence de l'Afrique du Sud en 1994, il créera un an plus tard la commission de Vérité et de Réconciliation, présidée par l'archevêque anglican Desmond Tutu. L'objectif principal était de recenser toutes les exactions commises depuis le massacre de Sharpeville en 1960, tant du côté du gouvernement sud-africain que des mouvements de libération nationale : enquêter auprès des victimes, vérifier leur récit, convoquer les coupables devant la Commission pour écouter leur version. En échange de la vérité, ils pouvaient demander et obtenir l'amnistie. Les victimes étaient présentes et pouvaient poser des questions. « L'aveu escompté remplit plusieurs fonctions. Tout d'abord, il informe la victime ou ses proches sur les motivations du bourreau, les circonstances des faits et l'éventuel dénouement demeuré inconnu pour certains[25]. »

24. Lui-même victime de l'*apartheid*, Nelson Mandela sera emprisonné 27 ans. Sur l'île de Robben Island, il est condamné à des travaux forcés pendant 18 ans dans une carrière de chaux ou dans la cour de la prison où il doit casser des cailloux. Il se lave à l'eau de mer froide et doit vivre dans une cellule de 2,1 m^2. Les gardiens infligent aux prisonniers des peines dégradantes comme leur uriner dessus quand ils sont dans une tranchée qu'ils ont eux-mêmes creusée…

25. Lætitia Bucaille, « Vérité et réconciliation en Afrique du Sud, une mutation politique et sociale », *Revue de politique étrangère*, Institut français des relations internationales, 2007, p. 313 à 325, https://www.cairn.info/revue-politique-etrangere-2007-2-page-313.htm

La parole et le témoignage des criminels confirment ou complètent celui des victimes, ce qui augmente l'objectivité des récits.

L'aveu peut donc déboucher sur une amnistie. Or amnistier n'est pas pardonner, il s'agit seulement d'une remise définitive de peine. Desmond Tutu encourageait les victimes à pardonner et les responsables d'exaction à montrer leurs remords. Mais les victimes ont-elles vraiment pardonné à leurs bourreaux ? Les enquêtes menées semblent bien montrer que oui, et leur témoignage semble d'autant plus véridique que toutes n'en ont pas été capables[26]. Malgré son ton critique et méfiant, la sociologue Lætitia Bucaille le reconnaît : « Peu de mouvements de libération nationale ont montré autant de magnanimité à l'égard de leur adversaire[27]. » Nelson Mandela, chef charismatique et respecté de l'ANC, a lui-même donné l'exemple d'un comportement d'apaisement dans la vérité, en déjeunant par exemple avec le procureur du

26. Lætitia Bucaille, *ibid.*, « Entretien à Soweto en avril 2003 » : « Michael, militant de l'ANC d'une cinquantaine d'années, arrêté et torturé, a déposé en tant que victime auprès de la CVR et a affronté les quatre policiers qui lui ont infligé des sévices physiques… Il conteste le traitement de la culpabilité de ses bourreaux : “le président de la Commission m'a demandé si je les reconnaissais, j'ai dit que oui, j'en étais sûr. Quand quelqu'un vous fait du mal, on n'oublie pas, même après tout ce temps. Il m'a demandé si j'acceptais de leur pardonner, j'ai répondu “Non, je ne peux pas”. Ils ont dit qu'ils étaient désolés. Eux, ils sont désolés et ils repartent tranquillement au volant de leur voiture. Moi, je reste pauvre. C'est à cause d'eux que j'ai perdu mon travail.” Michael estime que la justice aurait dû exiger que les quatre policiers s'acquittent eux-mêmes de la réparation. »
27. *Ibid.*

procès de Rivonia qui souhaitait le condamner à mort trente ans plus tôt.

C'est un fait. Quelles que soient les imperfections de la Commission, les citoyens d'Afrique du Sud, victimes de terribles traumatismes, ont réussi à pardonner à leurs bourreaux. En particulier, comme finit par l'admettre Lætitia Bucaille, « les entretiens menés dans des *townships* autour de Johannesburg montrent que des militants de base de l'ANC manient le vocabulaire du pardon et de la réconciliation avec aisance, du moins lorsqu'ils s'adressent à une enquêtrice étrangère et blanche[28]. »

Si à l'évidence, le ton de cette dernière phrase montre que notre sociologue éprouve des difficultés à vraiment croire à ces témoignages, il n'y a pas de raison majeure de penser que cette attitude de pardon soit pure « rhétorique ». Ici, le pardon se fonde sur l'aveu, on admet que les victimes ont besoin d'entendre les faits qu'ils ont subis, de la bouche de leurs bourreaux, pour mieux comprendre leurs motivations et pour adhérer du fond de leur cœur à une amnistie consentie par la Commission.

Ce n'est pas seulement le pardon qui est ici en jeu, mais la réconciliation. La résilience de la victime passe en effet par le pardon, cet acte qui consiste à « ne pas tenir rigueur au coupable et ne pas lui en garder de ressentiment », mais également par la réconciliation, qui va plus loin, puisqu'elle oriente le pardon vers une volonté de vivre à nouveau ensemble et de coopérer. La réconciliation apporte un supplément de fraternité, elle

---

28. *Ibid.*

ne se contente pas d'une absence de vengeance ni d'une remise de peine, elle ne clôt pas la relation, elle cherche à renouer une relation commune. Elle témoigne que bourreau et victime ont à défendre quelque chose en commun plus grand que leur terrible souvenir, et que leur coopération est une victoire surabondante sur le passé. La réconciliation est l'acte par lequel la victime relève le bourreau de sa faute, rétablit une réciprocité fraternelle, renonce à la souveraineté que lui confère la dette morale de son bourreau.

D'où vient le pouvoir de pardonner ?

Maïti Girtanner, torturée par un médecin de la *Gestapo*, souffrira toute sa vie des séquelles de sa maltraitance qui l'empêcheront de fonder une famille et de poursuivre sa carrière de pianiste. Habitée par une foi profonde en Jésus-Christ, elle se reconstruit pourtant en croyant à l'amour et au pardon. Jusqu'en 1984, où elle reçoit un appel téléphonique : c'est son bourreau, Leo, qui souhaite la rencontrer… Elle qui croyait lui avoir pardonné, la voici mise au pied du mur : ce face-à-face ne va-t-il pas lui faire revivre des sentiments de haine, de vengeance et de colère ? Sera-t-elle capable de lui dire « je vous pardonne » ? Voici comment Jacques Lecomte raconte ce rendez-vous inattendu :

> « Après quelques instants de discussion, l'homme lui propose de venir la voir l'après-midi même. Lorsqu'ils se rencontrent, il lui annonce qu'il a un cancer, qu'il ne lui reste que six mois à vivre et qu'il a peur de la mort ; il explique qu'il n'a jamais

> oublié ce que Maïti disait aux autres prisonniers sur la mort ; il avait été impressionné par le climat d'espérance qu'elle instaurait malgré la situation tragique. Maïti Girtanner lui demande s'il est bien conscient du mal qu'il a causé. Malgré quelques tentatives de justification, il finit par exprimer des regrets, qui paraissent sincères aux yeux de Maïti, puis il lui demande pardon. "Instinctivement, écrit Maïti Girtanner, je saisis son visage de mes deux mains et l'embrassai sur le front. À ce moment-là, j'ai su que j'avais vraiment pardonné. Ce baiser fut un authentique baiser de paix. Le plus vrai et le plus sincère que j'aie jamais donné ou reçu." »

L'homme lui demande alors comment il peut réparer le mal commis. Pour Maïti, la seule réponse possible au mal est l'amour, elle lui conseille d'utiliser les mois qui lui restent à vivre, à faire le bien autour de lui. De retour dans son village, l'homme confesse son passé à sa famille et à ses amis et leur annonce son désir de tout faire en son pouvoir pour être utile aux autres. Et il consacre les derniers mois de sa vie à mettre ses actes en accord avec ses paroles[29].

Le pardon a quelque chose de miraculeux qui résiste à l'analyse. Il est lié à l'intimité secrète de son auteur : même celui qui pardonne ne sait pas parfaitement ce qu'il fait[30]. Le pardon, comme l'amour, consiste

---

29. Jacques LECOMTE, *La bonté humaine,* Odile Jacob, 2014 p. 81.

30. « [...] il faut comprendre bien des choses avant de pardonner finalement sans comprendre », dit Wladimir JANKÉLÉVITCH, *Le pardon,* Flammarion, 2019, p. 265.

à donner quelque chose qui nous dépasse, à quelqu'un qui n'en revient pas. La rationalité comprend la justice, mais pas le pardon. Le pardon n'est pas un devoir répondant à une dette, mais un don répondant à un désir purement gratuit nommé *agapé* par les chrétiens. Que l'horreur d'un traumatisme puisse – parfois – déboucher sur une telle surabondance est un mystère. Que l'être humain soit parfois capable d'une telle conversion, d'une telle résilience est une réjouissance qu'on a peine à croire. Comme l'horreur dépasse le supportable, le pardon dépasse le possible. En franchissant la limite de l'impossible, le pardon ouvre sur l'absolu devant lequel on est démuni. Il reste à croire ou à douter, voire à refuser.

Le pardon n'est pas tant affaire de rationalité que de spiritualité. Et la résilience rencontre ici la question spirituelle. L'amour inconditionnel, le pardon, la miséricorde, sont des réalités spirituelles qui ont cette particularité de ne pas être purement observables. On peut en recevoir les signes, mais ils demandent à être reçus dans la foi. Le pardon a une dimension supra-rationnelle, la raison n'étant à l'aise que dans son objet propre, à savoir la connaissance sensible. L'intelligence est à la fois rationnelle et spirituelle. Il est raisonnable qu'un coupable soit puni, il peut convenir qu'un coupable repenti soit pardonné… Deux ordres qui se complètent, plus qu'ils ne s'opposent.

L'universalité du pardon : une résilience rare, mais toujours possible

C'est le débat engagé par Derrida qui conteste à Jankélévitch la réalité du pardon. Tout tourne autour de l' « impardonnable », le mal absolu que représente la perversité de celui qui par exemple refuse sa culpabilité : que veut dire en effet pardonner à quelqu'un qui nie purement et simplement son forfait ?

> « Le pardon n'est pas destiné aux bonnes consciences bien contentes, ni aux coupables irrepentis qui dorment bien et digèrent bien ; quand le coupable est gras, bien nourri, prospère, enrichi par le miracle économique, le pardon est une sinistre plaisanterie[31]. »

Jankélévitch pointe à juste titre combien le pardon effectif nécessite l'affliction du bourreau, son « remords désespéré ». Car le pardon demande une réciprocité, il se réalise à travers un don et une réception. Le coupable non repenti n'a que faire d'un pardon qu'il ne désire pas. Il n'en retirera aucune gratitude. Cela dit, il semble bien que le pardon comporte une dimension qui excède la demande du coupable.

En 1943, Noëlla Rouget est une institutrice angevine qui vient de se marier. Elle entre dans la Résistance avec son mari Adrien Tigeot, et œuvre dans les services d'espionnage britanniques. Son mari est arrêté et torturé puis fusillé en juin 1943. Noëlla est également

---

31. *Ibid.*, p. 261.

arrêtée par la *Gestapo* sous la responsabilité de Jacques Vasseur, « un collabo zélé qui a grimpé dans la hiérarchie répressive. Entre 1942 et 1944, il se rendra responsable de 430 arrestations, de 310 déportations et de 230 morts, fusillés ou morts dans les camps de concentration[32]. »

Noëlla est finalement envoyée au camp de Ravensbrück en 1944. Elle y rencontre Geneviève de Gaulle et parvient à survivre dans cet enfer. Quand elle sort le 5 avril 1945, elle pèse 32 kg et souffre de la tuberculose. Elle est soignée dans un sanatorium suisse et refait sa vie en fondant une famille à Genève. En 1962, Jacques Vasseur est retrouvé à Lille et jugé à Paris en 1965. « Les survivants défilent et accablent Vasseur, dont le déni et la veulerie sont insupportables aux témoins. Il est condamné à la guillotine[33]. »

Noëlla, en fervente chrétienne, plaide en faveur de celui qui a construit son malheur, celui de son mari et de centaines de victimes. S'opposant à ses camarades de la Résistance, elle demande au général de Gaulle de le gracier, ce qu'il accepte.

> « Pendant des années, espérant sa rédemption, elle se lance dans un échange épistolaire avec Jacques Vasseur. Correspondance asymétrique où l'une cherche l'étincelle de l'âme et l'autre ne fait que se plaindre de son sort. […] Libéré en 1983, Jacques Vasseur ne donnera plus jamais

32. Benoît Hopquin, « Mort de la résistante Noëlla Rouget, la déportée qui fit gracier son bourreau », *Le Monde*, Archives, Publié le 22 novembre 2020, mis à jour le 22 novembre 2020.

33. *Ibid.*

> signe de vie à Noëlla Rouget. Il mourra en Allemagne en 2009, sans jamais avoir exprimé le moindre remords. Jusqu'à ses derniers jours, Noëlla Rouget, portée par son inébranlable foi, ne retirera de cet échec ni amertume ni doute sur la nature humaine[34]. »

Ce témoignage alimente l'idée que la capacité de pardon d'une victime ne dépend pas seulement du remords de son bourreau. Noëlle Rouget était prête à pardonner, même si son bourreau ne se montrait pas concerné. Pardonner ne dépend que de la victime, qui trouve en elle-même la force gratuite d'un tel don[35]. Mais il est vrai que son aboutissement concret dépend d'une réciprocité : pour se réaliser pleinement, il faut que le pardon soit reçu par le coupable, et pour le recevoir, il faut le désirer. À cette condition, la résilience de la victime peut s'accomplir pleinement. Alors la résilience du coupable peut également s'accomplir, quand sa prise de conscience le bouleverse, à tel point qu'il doit solliciter le pardon de sa victime. Le pardon accordé lui fait découvrir la gratitude, cette reconnaissance qui témoigne de la dignité de son auteur. Car il arrive que le coupable supplie sa victime de lui pardonner en regrettant amèrement ses actes, et que la victime ne s'en sente pas capable, ou refuse d'y consentir. Cette attitude courante ne doit pas masquer la victoire

34. *Ibid.*

35. C'est le sens de la phrase du Christ sur la croix : « Père, pardonne-leur, ils ne savent pas ce qu'ils font. »

humaine exceptionnelle que constitue un pardon vraiment donné et reçu.

Le pardon est donc potentiellement universel : « le pardon pardonne tout à tous et pour toujours[36]. » Il faut cependant préciser que seules les personnes sont pardonnables[37], il convient que les fautes soient réparées quand c'est possible. En ce sens, un coupable peut écoper d'une peine de prison tout en étant pardonné par sa victime. C'est ce qui est arrivé à Mehmet Ali Ağça qui a tiré à bout portant sur le pape Jean-Paul II en 1981. Miraculeusement préservé, le pape a tenu, en 1983, à rencontrer son agresseur condamné à perpétuité, pour lui témoigner son pardon : « Aujourd'hui, j'ai pu rencontrer mon agresseur et lui réitérer mon pardon, comme je l'avais aussitôt fait, dès que j'ai pu. Nous nous sommes rencontrés en hommes et en frères[38] », a expliqué le pape polonais.

De la fragilité du pardon à la promesse

Dans son inconditionnalité, le pardon dépasse celui qui l'accorde. On ne sait pas clairement ce que l'on

36. Wladimir Jankélévitch, *Ibid.*, p. 260.

37. « … Toute personne est pardonnable, même celle qui a pu faire les pires choses ; en revanche il y a des actes inexcusables, qu'aucune rationalisation humaine ne peut justifier. Il faut donc bien distinguer entre les personnes (toutes pardonnables) et leurs actes (certains inexcusables). » Jacques Lecomte, *La bonté humaine,* Odile Jacob, 2014, p. 70. Et Hannah Arendt, *Condition de l'homme moderne*, Calmann-Lévy, 2015, p. 308 : « Le pardon […] est toujours une affaire éminemment personnelle (bien que non nécessairement individuelle et privée) dans laquelle on pardonne *ce qui* a été commis par égard pour *celui qui* l'a commis. »

38. *Aleteia*, https://fr.aleteia.org/2017/01/03/jean-paul-ii-ali-agca/

fait quand on pardonne. On obéit à une injonction en partie mystérieuse, on se sent capable de faire ce don, ou l'on en ressent l'attrait sans savoir si l'on en est capable. Il arrive que l'on accorde son pardon et que l'on soit par la suite rattrapé par le souvenir terrible du traumatisme subi : on doute, on remet en question le pardon donné. Cette fragilité nous confirme que la résilience n'est pas un progrès continu, que l'hésitation peut revenir attaquer une décision pourtant libre et même, parfois, la détruire. La décision de pardonner peut alors être reprise, quand elle n'est pas définitivement installée.

Ce travail éprouvant de pardons donnés et repris passe par un approfondissement pour discerner ce que l'on désire vraiment. Et, même si l'on découvre en soi une volonté de pardonner en même temps que le sentiment d'en être incapable, reste la possibilité de consentir à un pardon inatteignable par ses propres forces. Dieu est capable de ce vrai pardon dont on se sent impuissant. Le désir du désir est la marque d'un cœur brisé qui n'a pas renoncé à contempler en son for intérieur la source d'un pardon dont il se sent incapable. Qui sait si cette source ne se révélera pas si puissante, qu'un jour elle envahira son auteur d'une surabondance inattendue.

Une autre situation est celle où l'on pourrait pardonner, mais on le refuse, non par incapacité, mais par fermeture. La victime préfère enfermer le coupable repenti dans sa dette, elle se considère moralement supérieure, et conserve sa supériorité comme une vengeance. Elle entend défendre son honneur bafoué, contre un coupable incapable de réparer le mal commis. Elle profite de son repentir pour l'accabler, le pardon lui apparaît une faiblesse, une démission. Refuser le pardon est pour elle la meilleure manière de se défendre, son indignation est irrévocable[39].

Il n'en demeure pas moins que le pardon peut être subjectivement impossible, le traumatisme est parfois si aigu, que l'évocation même d'un pardon est ressentie comme une agression par la victime. Reste à celle-ci de clore au plus vite la relation avec son bourreau, de se retirer là où elle tentera de se reconstruire, de déléguer à la justice l'application d'une peine, avec pour seul soulagement de la savoir appliquée. Car le pardon est un don, non un devoir, seule la dette est de l'ordre de la justice.

Cette limite réaliste de l'homme incapable de pardon doit être affirmée, pour éviter de l'idéaliser. Jankélévitch remarque à juste titre que le pardon *pur* est rare, voire exceptionnel : « Il est bien possible qu'un pardon pur de toute arrière-pensée n'ait jamais été accordé ici-bas, qu'une dose infinitésimale de rancune subsiste en fait dans la rémission de toute offense[40]… »

Ce qui ne veut pas dire que le pardon ne puisse pas submerger la personne qui le donne autant que celle qui le reçoit.

Dans son livre *Condition de l'homme moderne,* Hannah Arendt propose plusieurs éclairages utiles pour comprendre la résilience par le pardon. Elle

39. Wladimir JANKÉLÉVITCH, *op. cit.*, p. 266 : « Il y a un principe d'orgueil dans la rigueur impitoyable de celui qui ne pardonne pas : refuser le pardon, c'est récuser toute ressemblance, toute fraternité avec le pécheur… »

40. *Ibid.*, p. 7.

insiste sur le caractère « inattendu » du pardon. À la différence de la vengeance qui se déploie sur le registre de la réaction, celui qui pardonne invente une réponse inattendue. Sa gratuité est pure générosité, pure créativité, elle ne vient pas de la raison qui mesure et rétribue, mais du cœur qui invente et donne sans compter. Curieusement, c'est le pardon qui est la vraie mesure (ou plutôt la démesure) de l'homme, car il est humain de se tromper et de faire le mal[41] comme il est humain de faire le bien.

Ensuite, Hannah Arendt relie le pardon et la promesse. Le pardon délivre du ressentiment celui qui le donne, et délivre de la dette celui qui le reçoit. Son fruit est la paix. Le passé est irréversible, remarque Hannah Arendt, et sans le pardon, nous serions des prisonniers sans recours. La promesse est un engagement qui me lie à l'autre. L'avenir est imprévisible, et la promesse réduit cette imprévisibilité en apportant « des îlots de certitude dans un océan d'incertitude[42] ». La résilience par le pardon guérit le passé autant que faire se peut, il ouvre un avenir souhaitable et possible. Le coupable repenti et pardonné promet de ne plus recommencer. La victime qui arrive à pardonner peut s'engager dans une vie nouvelle. Tel est, nous semble-t-il, le miracle du pardon.

Dans son livre *La bonté humaine,* Jacques Lecomte donne de multiples exemples de personnes traumatisées dès leur enfance, et qui ont réussi à devenir des personnes accomplies. Jacky Van Thuyne, dont

41. Selon le vieil adage « *errare humanum est* ».

42. Hannah Arendt, *op. cit.*, p. 311.

l'enfance est broyée par un père alcoolique et une mère peu présente, entre dans le grand banditisme et finit en prison. Après une séance de spiritisme et la lecture de la Bible, il se sent envahi par une grande paix et ressent une joie totalement inconnue de lui jusqu'alors. Dans un premier temps, personne ne le croit – ni les gardiens, ni sa femme –, mais van Thuyne persiste dans sa conversion. Sa bonne conduite réduit sa peine de prison à six années au lieu des trente initialement prévues. Il sauve même un codétenu du suicide.

> « Une fois libéré, Jacky devient directeur d'un centre d'accueil qui reçoit trente hommes sortant de prison. Aujourd'hui, il résume ainsi sa vision de l'être humain : "La vraie question, c'est l'homme : l'homme est-il amendable ou pas ? S'il ne l'est pas, il faut le tuer. Tuer le moindre petit voleur de 14 ans puisqu'il n'est pas récupérable et qu'il recommencera. Pour ma part, je crois que l'homme est amendable, je crois même qu'il est bon puisqu'il ne se bonifie que dans le bonheur. S'il était mauvais, il se réjouirait d'être en prison et d'être source de malheur pour ses semblables, pour sa famille et pour lui-même [43]." »

Ce témoignage fait prendre conscience que l'on peut se pardonner à soi-même, alors qu'on a commis des actes graves. N'est-il pas fascinant de voir un lien entre le traumatisme et la surabondance de la personne résiliente ? Sans ce détour par une expérience

43. Cité in Jacques LECOMTE, *op. cit.*, p. 147.

de descente aux enfers, aurait-elle pu montrer une telle générosité ? Comme si l'épreuve avait pour effet de faire prendre conscience que la vie est précieuse et mérite qu'on l'investisse avec un engagement supplémentaire, total.

La résilience des témoins

Henry Dunant

On parle souvent de la résilience des victimes et des coupables, plus rarement de celle des témoins. Cette position de tiers est pourtant tout aussi fragile. Il arrive en effet que dans une famille, ce ne soit pas l'enfant bouc émissaire qui souffre le plus, mais le frère ou la sœur qui assiste, impuissant, à une injustice qui le bouleverse. Combien d'infirmiers, partis soigner les victimes du génocide rwandais, ont vu des horreurs dont ils ne se sont jamais remis, faute d'un accompagnement psychologique à leur retour.

Il existe *a contrario* des témoins qui n'ont pas été anéantis et ont su développer un sens du service remarquable. Henry Dunant est de ceux-là. Dans son livre *Un souvenir de Solférino,* il raconte comment, lors d'un voyage d'affaires en juin 1859, il se rend près de la ville italienne de Solférino où a lieu la terrible bataille éponyme qui oppose les armées sarde et française de Napoléon III, à l'armée autrichienne de l'empereur François-Joseph :

> « Ici c'est une lutte corps à corps, horrible, effroyable : Autrichiens et Alliés se foulent aux pieds,

> s'entretuent sur des cadavres sanglants, s'assomment à coups de crosse, se brisent le crâne, s'éventrent avec le sabre ou la baïonnette ; il n'y a plus de quartier, c'est une boucherie, un combat de bêtes féroces, furieuses et ivres de sang ; les blessés eux-mêmes se défendent jusqu'à la dernière extrémité, celui qui n'a plus d'armes saisit à la gorge son adversaire qu'il déchire avec les dents[44]. »

En réalité, Henry Dunant – qui essaie de rencontrer Napoléon III pour son business – arrive à Castiglione au soir de la bataille de Solférino : il n'y a donc pas assisté. Cette mise en scène est un récit postérieur, mais qui décrit parfaitement ce à quoi il est confronté le lendemain :

> « Si le jeune colon, à Solferino, ne rencontre pas Napoléon III, il y fait en revanche une expérience humaine qui va changer le cours de son destin. Dès le lendemain de la bataille en effet, traumatisé par l'ampleur du carnage et l'insuffisance des services sanitaires des armées, Dunant n'a de cesse, comme il le relate lui-même, d'organiser les secours aux blessés des deux camps, avec l'aide de

44. Henry DUNANT, *Un souvenir de Solférino*, édition électronique, 22 janvier 2014, ISBN : 1 230 000 211 843, EPUB 2 (DRM-Free), p. 6.

> la population locale et de quelques étrangers de passage[45]. »

38 000 soldats, morts ou blessés, sont encore sur le champ de bataille, sans aide, abandonnés. Dunant s'organise comme il peut : avec des volontaires, surtout des femmes, il transforme la plus grande église du lieu en hôpital où, malgré tous les efforts, moins de 10 % des blessés trouvent refuge. À l'évidence, on manque de tout : médecins, infirmiers, matériel médical, nourriture… mais un état d'esprit humaniste émerge de la part de tous : qu'importe la nationalité des blessés, « tous sont frères ». Dunant multiplie son aide en créant de nouveaux hôpitaux et en finançant lui-même l'arrivée de matériel.

Cette expérience le traumatisera, affirme le psychiatre Kuhn, et le poussera à rédiger son ouvrage un an plus tard. Paru en 1862, Henri Dunant relate sans emphase les horreurs de ce champ de bataille, convaincu de leurs conséquences dramatiques sur les hommes. Son idée essentielle – et évidente aujourd'hui – qu'un soldat blessé n'est plus un ennemi, mais un être humain qui a besoin d'aide, est à l'origine de la Croix-Rouge. Henri Dunant la fondera le 17 février 1863 avec le juriste genevois Gustave Moynier, le général Dufour et les médecins Louis Appia et Théodore Maunoir.

45. Marie-Jeanne Héger-Étienvre, « Henry Dunant, visionnaire d'un nouvel ordre universel : l'homme et le mythe », in *L'ordonnateur du monde*, Actes du colloque des 1er et 2 février 2002, Alexandre Tourraix, Françoise Lucbert et Anne-Marie Gresser (dir.), Groupe de recherche « Image et représentation », Le Mans, Université du Maine, 2004, p. 187-203.

En 1901, il se voit décerner le premier Prix Nobel de la paix.

On a beaucoup écrit sur la personnalité de Dunant, sa foi de calviniste mystique, sa sensibilité apparemment fragile, son amour des médailles et des titres, ses échecs de businessman, ses disputes sévères avec Gustave Moynier, pourtant acteur incontestable de l'histoire de la Croix-Rouge[46]. Il ne s'agit pas ici de faire un panégyrique de l'homme en le considérant comme un héros, mais de constater qu'un traumatisme peut déclencher chez un témoin une vocation exceptionnelle et que, malgré ses faiblesses et fragilités, une fécondité sans mesure en résulte.

Les des Pallières

Même idée chez Christian et Marie-France des Pallières, que l'on décrit comme des « êtres humains ordinaires[47] », passionnés de voyages. Ils parcourent le monde en camping-car avec leurs enfants, d'abord dans l'Atlas, au Maroc, où Christian travaille pour IBM, puis en Inde, en Afghanistan, au Moyen-Orient, en Chine… Il profite de sa pré-retraite pour accepter une mission au Cambodge : restaurer l'enseignement primaire, totalement détruit par les Khmers

---

46. Voir par exemple Marie-Jeanne HÉGER-ÉTIENVRE, Henry Dunant…, *op. cit.* et Duccio VANNI, Élisabeth GUERIN, Iacopo MANNELLI, *A possible (if not probable) different interpretation of Kuhn's profile of Henry Dunant (1828-1910), the real founder of the international Red Cross,* Acta Medica Mediterranea, 2018, 34 : 1345.

47. *Mille et une vies,* Frédéric LOPEZ et Sophie DAVANT, « Les Pépites, les coulisses du film de Xavier de Lauzanne », https://www.youtube.com/watch ? v=HW2eLLJlz9w&ab_channel=Milleetunevies-Officiel

rouges. Quand sa mission prend fin faute de crédits, le couple des Pallières est attiré par les enfants – petits chiffonniers – de Phnom Penh. Là, ils découvrent l'indicible : c'est sur « l'immonde et gigantesque décharge de Phnom Penh » que (sur) vivent des milliers de personnes dont tant d'enfants dans des conditions « indignes de l'humanité[48] ». « L'odeur prenait à la gorge, c'était terrible à voir », affirme Christian dans le film que lui a dédié Xavier de Lauzanne.

« Je restais là sans savoir quoi faire, avec l'envie de pleurer ou de hurler », témoigne-t-il. D'abord stupéfait, le couple n'en est pas moins réactif. En interrogeant les enfants sur ce qui leur manque le plus, la réponse est unanime : « Un repas par jour et aller à l'école comme les autres[49] ». Alors Christian et Marie-France commencent la distribution de quelques repas sur la décharge, mais, rapidement dépassés par la situation, ils reviennent en France fin 1995 pour alerter leur famille et leurs amis qui face à l'urgence, se mobilisent. De retour au Cambodge, Christian et Marie-France organisent les premiers soins et une distribution de repas dans une petite paillote, directement sur la décharge. Le couple cherche ensuite à scolariser ces enfants : mais pour que leurs parents si pauvres l'acceptent, il faut leur distribuer en rations de riz, l'équivalent de ce que leur rapportent leurs enfants. Une première petite école est construite. Elle accueille d'abord 10 enfants, puis 40, puis 100… Et 250 lors de la rentrée de 1997 !

48. Toutes ces informations, comme les citations suivantes sont tirées du site de Pour un Sourire d'Enfant : https://www.pse.ong/association-humanitaire.

49. Réplique de Marie-France tirée du film de Xavier de Lauzanne.

> « En janvier 2023, à Phnom Penh, Siem Reap (Angkor) et Sihanoukville, Pour un Sourire d'Enfant soutient 3 000 familles. Plus de 6 500 enfants bénéficient de [leurs] programmes chaque année et 4 500 diplômés sont déjà dans la vie active. »

Dans le livre *Pour un sourire d'enfant*, Christian et Marie-France racontent un souvenir émouvant :

> « L'autre jour, Bopha [une jeune cambodgienne], s'excusant de ne pas avoir d'argent pour nous faire un plus joli cadeau, nous a offert un bouquet [...] qu'elle a fabriqué avec... des écailles de poisson ! Quel ravissant travail ! Sur l'une des tiges était accroché un petit papier : "Les écailles de poisson, c'est sale, ça sent mauvais, et tout le monde les jette à la poubelle. C'est comme nous avant. Nous vivions dans les ordures et tout le monde nous méprisait. Mais vous êtes venus nous ramasser dans la décharge pour faire de nous un joli bouquet de fleurs..." »

La gratitude de cette jeune fille exprime la fine pointe de la résilience réussie : transformer un traumatisme, en œuvre d'art et d'amour.

Nicholas Winton

Autre exemple. On peut voir sur Internet[50] l'émission télévisée *That's Life* présentée sur BBC1 en 1988.

50. https://www.dailymotion.com/video/x22ksb3

La caméra zoome sur un vieil homme, assis au premier rang d'une assemblée qui semble assister à un spectacle : c'est Nicholas Winton, surnommé le « Schindler britannique », né en 1909 à Londres. Ses parents juifs d'origine allemande y ont emménagé deux ans plus tôt. Convertis au christianisme dans la religion anglicane, ils font baptiser leurs trois enfants. Fin 1938, Nicholas Winton, qui a 29 ans, reçoit un appel de son ami Martin Blake, en poste à l'ambassade britannique à Prague, qui le sensibilise à la situation des Juifs de Tchécoslovaquie. Blake l'invite à venir dans la région des Sudètes. Là, en visitant un camp surpeuplé, Nicholas Winton prend conscience de la gravité de la situation et va faire preuve d'une anticipation remarquable : alors que la guerre n'est pas encore déclarée, il profite d'un décret voté à Londres – décret qui autorise les réfugiés mineurs à s'installer en Grande-Bretagne – pour organiser le sauvetage des enfants juifs de Tchécoslovaquie. La seule condition est de justifier d'un lieu d'accueil en Angleterre et de déposer cinquante livres pour un éventuel billet de retour. Dans son bureau de fortune qu'il installe à Prague, Winton est rapidement assailli par les demandes de parents désespérés.

De retour à Londres, il sollicite les réseaux d'aide et les institutions, utilise la presse pour sensibiliser les citoyens sur la possibilité d'héberger ces enfants promis à la fureur nazie, et obtient des financements. Dès le mois suivant, en janvier 1939, un avion décolle de Prague, suivi au cours des mois suivants, de huit trains en partance vers Londres. Le 1er septembre, le dernier convoi qui transportait 250 enfants n'a pas pu quitter Prague…

Nicholas Winton aura sauvé 669 enfants au total. Pendant 50 ans, aucun d'eux ne connaîtra l'existence de leur bienfaiteur. Sa discrétion lui avait conseillé de ranger dans son grenier, la serviette en cuir remplie des lettres des parents juifs et la liste des enfants sauvés. Jusqu'en 1988, où son épouse Greta découvre cette serviette et prend secrètement contact avec Élisabeth Maxwell, une historienne spécialiste de la Shoah.

Nicholas Winton recevra alors de nombreux signes de distinction : en 2002, la reine Élisabeth II le fera chevalier et alors qu'il est âgé de 105 ans, Nicholas Winton reçoit l'ordre du Lion Blanc, la plus haute distinction de la Tchécoslovaquie. Fidèle à lui-même, Nicholas Winton estime qu'il n'a fait que son devoir et remerciera par ces quelques mots le président Milos Zeman : « D'une certaine manière, je n'aurais pas dû vivre si longtemps pour donner à chacun la possibilité d'exagérer les choses comme on le fait aujourd'hui[51]. »

On le voit : la dynamique résiliente des témoins n'est pas seulement la conséquence de leur traumatisme, mais aussi l'anticipation d'un mal plus grand. En prévoyant la condamnation à mort d'enfants innocents, Winton a vu juste. La fine pointe de la résilience ne consiste pas uniquement à aider ceux qui en ont besoin, mais à leur éviter un mal insupportable.

51. *Wikipedia*, « Nicholas Winton ».

Philosophie, spiritualité et religion chrétienne

L'approche philosophique et spirituelle :

- La philosophie comme consolation

Dans l'histoire de l'Occident, notamment depuis les stoïciens, la philosophie a largement été utilisée pour combattre le mal ainsi que la souffrance, liée aux événements et à nos émotions. C'est vers 524 que le philosophe Boèce, magistrat érudit de l'Empire romain, est condamné à mort et emprisonné à Pavie. Vieillissant, l'empereur arien Théodoric Le Grand, pourtant longtemps son ami, l'accuse de conspirer contre lui avec l'empereur byzantin Justin. Boèce ne sortira jamais de sa prison et sera torturé de la pire manière, une courroie de cuir serrée autour de son crâne de telle façon que ses yeux sortent de leurs orbites[52]… Traumatisé, Boèce sombre dans une mélancolie profonde. Grâce à des tablettes et un stylet que lui a probablement fait parvenir Symmaque, son beau-père patricien romain, il entreprend d'écrire *La Consolation de la Philosophie* entre les séances de torture[53], jusqu'à sa mort prochaine déclarée. Ce texte aura un retentissement considérable durant tout le Moyen Âge. C'est dire que la question de l'attitude à adopter devant une souffrance cruelle était à l'époque un sujet incontournable. L'ouvrage de Boèce va imprégner la pensée occidentale jusque chez Dante, Shakespeare, Pascal, Corneille…

52. BOÈCE, *Consolation de la Philosophie,* Préface de Marc FUMAROLI, Petite bibliothèque Rivages, 1989, p. 20.
53. BOÈCE, Préface de FUMAROLI, *Ibid.*, p. 22.

Voici comment l'essayiste et historien de l'art Marc Fumaroli conclut sa belle préface de la *Consolation de la Philosophie* : « Boèce, avec toute la tradition qu'il porte avec lui, nous invite à faire de cette conscience tragique l'amorce d'une conversion[54]. »

De quoi s'agit-il ? Boèce, qui était chrétien, n'a pourtant pas utilisé les ressources de la foi et de la prière pour supporter l'adversité. Grand érudit, il a écrit des traités d'astronomie, de géométrie, il a commenté de nombreux traités de logique, celui de Porphyre ainsi que les *Topiques* de Cicéron, il a traduit et commenté Aristote. Pétri de culture grecque et latine, Boèce a une connaissance intime de la philosophie, notamment celle de Platon et d'Aristote. Dans son *De Trinitate* qui sera commenté par Saint Thomas d'Aquin au XIIIe siècle, il montre son adhésion au Dieu trinitaire contre l'arianisme de l'empereur Théodoric le Grand. Seul et privé de livres dans sa prison, il ne lui reste que sa mémoire pour se relier à ce patrimoine culturel. Il ne luttera pas contre le désespoir en mystique chrétien, par exemple en méditant sur la Croix du Christ, mais en philosophe. À son époque, « la tendance était alors, comme elle le deviendra à la Renaissance, de chercher des concordances plutôt que des oppositions entre les deux systèmes de pensée et leurs traditions respectives[55]. »

N'empêche que cette synthèse des deux traditions ne sera achevée que plus tard par la scolastique. En attendant, c'est en philosophe que Boèce entend

54. *Ibid.*, p. 40.
55. *Ibid.*, p. 15.

s'opposer à l'épreuve tragique qu'il rencontre. On peut discerner plusieurs étapes.

Il ressent d'abord le besoin de « hurler son infinie douleur[56] » que les « Muses de la poésie » sont incapables de conjurer. Au contraire, elles la prolongent par des mots, des phrases, des plaintes incessantes. C'est alors que lui apparaît une femme : elle représente la philosophie qui commence par menacer ces Muses *douçâtres* et les oblige à quitter la scène. La voix de la raison réveille Boèce de sa torpeur, où se mêlent à la fois la cruauté de l'événement et la réaction émotionnelle qui amplifie encore sa nuisance. Boèce revient à ses premières amours, cette philosophie qui a imprégné son esprit et qu'il a méditée, à tel point qu'elle s'est incrustée dans sa mémoire. Il suffit de la solliciter, de la consulter, d'en tirer parti. Il s'imagine dialoguer avec l'inspiration philosophique qui lui apparaît comme dans un rêve. Paradoxalement, ce rêve le tire de son extrême langueur et constitue un réveil existentiel. Grâce à lui, Boèce procède courageusement à une relecture de sa vie, et accomplit là un exercice stoïcien traditionnel. La philosophie n'est plus cette discipline qui éduque l'aristocratie cultivée de Rome : elle devient une médecine qui soulage les affligés en les faisant accéder à la vérité de leur vie[57]. La philosophie lui apprend donc pour commencer que les événements

56. *Ibid.*, p. 62.

57. « Dans sa prison, réduit à sa mémoire, acculé à y trouver les ressources spirituelles pour tenir tête aux souffrances, à la solitude, à la mort, il cesse d'être traducteur, commentateur, érudit, il devient "auteur", nous dirions aujourd'hui d'un mot équivoque, créateur. » *Ibid.*, p. 23.

ne sont pas gouvernés par la Fortune capricieuse, mais par la Providence :

> « Nous considérons que la plus grande chance de guérison réside dans l'opinion vraie que tu te fais du gouvernement du monde quand tu crois qu'il est assujetti, non aux accidents du hasard, mais à la raison divine[58]. »

Cette affirmation nous paraît aujourd'hui appartenir davantage au domaine de la foi, mais elle gouverne le débat crucial de la philosophie : le monde a-t-il un sens ou non ? En disciple de Platon et d'Aristote, Boèce peut répondre d'une façon positive, car il accède à l'idée d'un Dieu[59], Bien ultime ou Cause première de l'Univers. Cette considération l'amène à relativiser les effets pervers de la Fortune, et même à soutenir le paradoxe suivant :

> « La Fortune est plus bénéfique aux êtres humains quand elle est mauvaise que quand elle est bonne [...] la bonne Fortune use de ses charmes pour égarer les gens du bien véritable, tandis que la mauvaise Fortune les accroche au passage, pour les ramener vers les véritables valeurs[60]. »

---

58. *Ibid.*, p. 67.

59. PLATON, *Phèdre,* 246d : « Ce qui est divin, c'est le beau, le vrai, le bien, et tout ce qui leur ressemble » et ARISTOTE, *Physique,* Livre VII, 2 : « Il faut bien cependant qu'il y ait quelque cause initiale et première du mouvement, et l'on ne peut aller à l'infini [...] ».

60. BOÈCE, *op. cit.*, pp. 99-100.

Il y a là certainement une idée forte : la facilité nous maintient dans une vie superficielle et nous éloigne de notre véritable centre de gravité ; l'épreuve elle, nous y conduit, et devient l'instrument d'un nouvel accomplissement.

S'ensuit une méditation sur le bonheur vrai, sur la victoire du Bien sur le Mal, sur la liberté de l'homme… Malgré l'âpreté de ses tortures et de la mort injuste qui l'attend, la *conversion* de Boèce le tire de son désespoir. Le bien auquel il accède est plus grand que son malheur, la dimension tragique de sa vie ne saurait avoir le dernier mot. Plus grande que son malheur, il reste en l'être humain une force qui ne craint pas les combats perdus, et qui sans cesse entrevoit la lumière à venir.

Laissons ici parler le poète :

> « Comment cela s'appelle-t-il, quand le jour se lève, comme aujourd'hui, et que tout est gâché, que tout est saccagé, et que l'air pourtant se respire, et qu'on a tout perdu, que la ville brûle, que les innocents s'entretuent, mais que les coupables agonisent dans un coin du jour qui se lève ?
> – Demande au mendiant. Il le sait.
> – Cela a un très beau nom, femme Narsès. Cela s'appelle l'aurore[61]. »

- La philosophie comme thérapie

La logothérapie de Viktor Frankl reprend la tradition philosophique. Pour lui, découvrir un sens

61. Ce sont les derniers mots du livre de Jacqueline de Romilly, qui cite *Électre* de Giraudoux dans *La tragédie grecque*, PUF, 1994.

à sa vie est la première étape qui rend une personne capable de sortir de son traumatisme. Psychiatre, Viktor Frankl a connu la vie des camps de concentration à Auschwitz[62], les prisonniers réduits à un numéro tatoué sur leur peau, la brutalité des capos (surveillants), le froid et la faim, la séparation de ceux qui étaient aptes à travailler d'avec leurs proches malades, et condamnés à mort, le choc psychologique : « J'étais horrifié, mais il valait mieux que je le sois tout de suite : petit à petit, il faudrait que je m'habitue à des choses plus horribles encore, si horribles qu'elles en dépassent l'entendement[63]. »

S'ensuit l'étonnement de Viktor Frankl qui constate combien « l'être humain peut s'habituer à tout[64] ». C'est une deuxième phase qu'il nomme « insensibilité », la souffrance et la mort devenant courantes dans la vie du camp. En même temps, Frankl observe que le supplice moral causé par l'injustice et l'absurdité des sévices « surpasse de loin la douleur physique[65] ». Un jour de froid glacial, alors qu'il est en train de creuser un trou, un contremaître l'invective en le menaçant de travailler et de mourir comme un chien, en l'insultant sur sa vie passée de « riche fainéant ». Curieusement, Viktor Frankl cesse d'avoir peur, le regarde dans les yeux et lui révèle qu'il est médecin. Voici comment il raconte la suite de son échange avec le contremaître :

62. Il en fait le récit et présente une introduction à la logothérapie dans son remarquable petit livre *Découvrir un sens à sa vie avec la logothérapie,* collection J'ai lu, 2013.

63. *Ibid.*, p. 34.

64. *Ibid.*, p. 42.

65. *Ibid.*, p. 48.

> « Un médecin ? Je parie que tu as soutiré un tas de fric à tes patients.
> – Il se trouve que la plupart du temps, je travaillais bénévolement dans une clinique pour indigents.
> [...] Mais j'avais trop parlé. Il se jeta sur moi et me renversa d'un coup de poing en criant comme un dément.
> J'ai voulu montrer, en relatant cet incident apparemment trivial, qu'il y a des moments où l'indignation peut susciter, même chez un prisonnier endurci, une indignation provoquée non pas par la cruauté ou la douleur, mais par l'insulte[66]. »

Victor Frankl souligne ainsi que, soumis à la brutalité physique et morale, l'être humain reste capable de préserver une partie de sa liberté, de son indépendance d'esprit. En pensant à sa femme lors d'une marche épuisante sur la glace, il se sent envahi par sa présence, son sourire, sa tendresse, alors même que les prisonniers dérapaient, tombaient, s'entraidaient pour se relever. « Je me rendais compte qu'un homme à qui il ne reste rien peut trouver le bonheur, même pour de brefs instants, dans la contemplation de sa bien-aimée[67]. »

Par sa vie intérieure, le prisonnier se protège de la terrible brutalité de son existence, même si Frankl reconnaît que très peu surent préserver leur liberté spirituelle. Comme le dit Todorov, le Bien est présent même dans les situations les plus désespérantes,

---

66. *Ibid.*, p. 50.
67. *Ibid.*, p. 62.

et le petit nombre de personnes qui savent échapper à l'anéantissement n'entraîne pas la condamnation de ceux qui ne peuvent y accéder. La perte de la « foi en l'avenir » déclenche un dépérissement physique et moral. Ce dégoût de la vie, cette dépression profonde, ce manque d'attrait, c'est précisément cela dont Frankl veut délivrer ses patients, grâce à la logothérapie.

Celle-ci consiste à se pencher sur le sens de la vie que recherche toute personne. Frankl se démarque de la psychanalyse freudienne, où la recherche du plaisir constitue la pulsion fondamentale : « Les efforts de l'homme pour trouver un sens à sa vie constituent une motivation fondamentale et non une rationalisation secondaire de ses pulsions[68]. »

Chaque personne doit découvrir le sens de sa vie qui est unique et il lui appartient de le rechercher par lui-même. Le psychologue accompagne le « client » dans ce travail crucial qui donne à chacun, non seulement une raison de vivre, mais de mourir : « l'humain peut vivre pour préserver ses idéaux et ses valeurs. Il peut même mourir pour eux[69]. » Par défaut de sens, l'homme vit une frustration existentielle et même une détresse. La logothérapie lui permet de scruter les raisons de vivre, cachées au fond de lui. Retrouvant la vocation existentielle de la philosophie, Frankl en fait une thérapie qui délivre l'homme du nihilisme et du désespoir.

Trois voies permettent selon lui de découvrir ce sens. La première est l'accomplissement d'une œuvre :

68. *Ibid.*, p. 125.

69. *Ibid.*, p. 125.

le chercheur qui fait une découverte, le professionnel qui innove, l'entrepreneur qui crée des emplois, et plus généralement l'artiste, l'écrivain, le bienfaiteur, le savant… L'œuvre constitue une utilité, une valeur ajoutée qui perdure au-delà de l'activité, elle constitue une fierté pour son auteur. Louis Pasteur mettant au point le vaccin contre la rage, Mozart composant ses symphonies, James Bowman Lindsay qui invente l'ampoule électrique… illustrent de façon remarquable que l'œuvre donne du sens à la vie. Mais accomplir une œuvre ne revêt pas forcément une allure exceptionnelle : chacun peut apporter une contribution qui lui donne le sentiment d'être utile à la société.

La deuxième voie consiste à faire l'expérience de l'amour, de la beauté, de la bonté. On découvre en effet le sens de sa vie quand on vit concrètement une relation de don réciproque, une amitié intense, une expérience de contemplation qui vient solliciter une part intime en soi, et ouvre à plus grand que soi.

Mais c'est la troisième voie qui nous intéresse ici tout particulièrement.

Il s'agit de trouver un sens à sa vie en passant par une souffrance assumée. C'est possible, affirme Viktor Frankl, même dans une situation désespérée. L'être humain se montre parfois capable de trouver en lui la force de « transformer une tragédie personnelle en victoire[70] », même quand on est confronté à une situation violente inévitable. Il donne l'exemple de ce médecin d'un certain âge qui vient le consulter : il n'arrivait pas

70. *Ibid.*, p. 135-136.

à se remettre d'avoir perdu sa femme « qu'il avait aimée plus que tout au monde ».

> « J'ai décidé de lui poser la question suivante :
> – Et si vous étiez mort le premier et que votre femme ait eu à surmonter le chagrin provoqué par votre décès ?
> – Oh ! pour elle, cela aurait été affreux ; comme elle aurait souffert !
> – Eh bien, docteur, cette souffrance lui a été épargnée, et ce, grâce à vous. Certes, vous en payez le prix puisque c'est vous qui la pleurez.
> Il n'a rien dit, mais il m'a serré la main et a quitté mon bureau calmement. La souffrance cesse de faire mal au moment où elle prend un sens. Elle devient alors un acte sacré, un sacrifice[71]. »

Frankl insiste sur le fait que la souffrance ne doit jamais être recherchée pour elle-même, et qu'il s'agit ici de la souffrance *inévitable.* Cette vision, en refusant le dernier mot à la tragédie, pointe l'espérance au cœur de la nuit la plus profonde. Ce discours est rarement accepté. Car notre société avec ses îlots de bonheur provisoires sur fond de désespoir est profondément nihiliste. Or l'espérance est un combat qui défend le sens, contre le néant. Un combat qui n'est pas seulement intellectuel, mais existentiel : en prenant parti pour le sens, Frankl ouvre *sa thérapie* à l'espérance. C'est sans doute l'une des raisons pour lesquelles sa

71. *Ibid.*

postérité est moins appréciée que la déconstruction freudienne.

- La philosophie comme expérience spirituelle

Aux confins de la philosophie : la spiritualité. La technique philosophique est un savoir qui passe d'abord par des disciplines que l'on étudie, par des lectures, et par ses propres expériences de vie. Au fur et à mesure de sa pratique, la maîtrise technique cède le pas à une pensée qui se déploie librement, prend toute son amplitude et s'ouvre à l'absolu en considérant les fins dernières. La spiritualité élève l'âme, la réflexion devient méditation, la compréhension devient contemplation, la métaphysique s'achève en « un sentiment océanique ». Platon contemple le Bien diffusif de soi, Aristote le « Premier moteur », les stoïciens s'emploient à définir l'essentiel de la philosophie comme un « exercice spirituel ». La spiritualité n'est d'ailleurs pas seulement le terme d'une démarche philosophique, elle est ce à quoi accèdent l'art, la science, l'éthique, qui mobilisent les facultés humaines pour se détacher de la singularité du moi et de la matière. L'essentiel d'une spiritualité authentique consiste à expérimenter que l'on appartient à plus grand que soi, ce *sentiment océanique* dont parle le philosophe André Comte-Sponville[72]. Point n'est besoin d'être *religieux* pour cela : la religion romaine antique telle que nous la présente Fustel de Coulanges est une pratique essentiellement rituelle, familiale, et fondatrice

72. André Comte-Sponville, *L'esprit de l'athéisme, Introduction à une spiritualité sans Dieu*, Albin Michel Le livre de poche, 2006, p. 159.

de la structure sociale. Elle ne présente pas grand-chose de spirituel. *A contrario*, André Comte-Sponville se définit comme spiritualiste athée : pour lui comme pour beaucoup d'autres, la dimension spirituelle existe en tout homme comme une fenêtre naturelle ouverte sur la recherche de l'absolu. S'il nous paraît légitime de faire la différence entre spiritualité et religion, il ne convient pas de les opposer.

Pour l'instant, il est utile de souligner le lien entre la résilience et la spiritualité. L'une des grandes difficultés de ceux qui ont vécu un traumatisme est l'intensité de leur souffrance vécue, et la pauvreté de leur vie ultérieure. Alors que la victime pouvait s'attendre à vivre aussi intensément sa libération post-traumatique que son épreuve, elle se retrouve confrontée à la banalité d'un quotidien qui peut la désespérer. C'est ce que décrit très bien Todorov :

> « Dans l'existence que l'on mène, après la guerre, on ne rencontre pas l'absolu. Il y a quelque chose de disproportionné entre l'intensité de la vie (aux camps), même si elle n'est pas heureuse, et la médiocrité du bonheur (au-dehors), à supposer même qu'on y accède. Une femme qui a vu massacrer son mari et ses enfants, qui a connu l'épreuve d'Auschwitz et de Ravensbrück, a survécu et s'est retrouvée à New York en 1952. Elle a refait sa vie. "Mon [nouveau] mari a travaillé tout ce temps dans une usine qui fabrique des blousons de sport, et on s'en tire pas trop mal. On a un joli trois-pièces avec tout le confort

> moderne. On lit le *Post*, et de temps à autre, on va voir un spectacle[73]." »

Ou encore ce témoignage :

> « Nous avons connu un extrême – le mal absolu – dit une survivante d'Auschwitz, Grete Salus, nous pensions ensuite connaître l'extrême contraire – le bien absolu[74]. »

Une vie « satisfaisante » sans plus, une vie « moyenne » sans éclat ni épaisseur représente quelque chose de dérisoire quand on a connu la puissance destructrice d'un traumatisme. Une vie bien réglée ne pèse pas lourd face à un événement aussi bouleversant. Comment se défaire d'une telle expérience tant que l'on n'a pas découvert ou redécouvert un objet de poids qui contrebalance la perversité du traumatisme ? Déjà, dans les camps, Viktor Frankl recourait à la vie spirituelle comme une respiration vitale, qui permettait de vivre les pires moments. La vie spirituelle, parce qu'elle ouvre sur l'absolu permet sans doute de contrebalancer la violence de l'événement traumatique. Elle est attendue par la victime comme une bouffée d'oxygène, comme un amour inconditionnel qu'on imagine capable de réparer la terrible injustice subie. Il arrive qu'on l'espère comme un dû. Mais elle est rarement au rendez-vous. La reconstruction demande d'accepter

---

73. Todorov, *op. cit.*, p. 282.
74. *Ibid.*, p. 281

l'humilité du quotidien avec son rythme étonnamment banal, et le sentiment d'une immense solitude.

La spiritualité n'est pas un dû, elle suppose généralement le travail laborieux d'une discipline. Le musicien doit travailler sa technique avant de commencer à chanter sa partition, avant d'y mettre son interprétation, son âme. Tous les grands artistes sont passés par la dure loi de la discipline et de l'effort persévérant, parfois même d'une ascèse cruelle pour accéder à la grâce de la beauté. Thomas Edison a inventé cette formule si juste : « Le génie est fait d'un pour cent d'inspiration et de quatre-vingt-dix-neuf pour cent de transpiration. » En philosophie, l'École cynique et les stoïciens avaient conscience de la nécessité d'une longue préparation avant d'atteindre l'*ataraxie,* la sérénité. Le philosophe Pierre Hadot a mis en lumière combien leur philosophie était un *exercice spirituel*[75], pour guérir l'âme de ses maux : les passions et l'ignorance :

> « L'acte philosophique ne se situe pas seulement dans l'ordre de la connaissance, mais dans l'ordre du "soi" et de l'être : c'est un progrès qui nous fait plus être, qui nous rend meilleurs. C'est une conversion qui bouleverse toute la vie, qui change l'être de celui qui l'accomplit. Elle le fait passer d'un état de vie inauthentique, obscurci par l'inconscience, rongé par le souci, à un état de vie authentique, dans lequel l'homme atteint la

75. Pierre Hadot, *Exercices spirituels et philosophie antique,* Albin Michel, 2002.

> conscience de soi, la vision exacte du monde, la paix et la liberté intérieure[76]. »

De nombreux exercices sont identifiés pour devenir attentif au présent, maître de soi, pour apprendre à méditer, à devenir indifférent à ce qui ne dépend pas de soi, à guérir de ses passions despotiques, à se rappeler ce qui est bien… C'est une disposition continuelle, une ascèse à adopter.

Force est de constater qu'une telle attitude n'est pas donnée à tout le monde. « Seuls s'y aventurent les philosophes[77] », admet non sans un certain élitisme Pierre Hadot. C'est ainsi une sérénité à laquelle parvient un Socrate, un Plotin, ou plus près de nous un Spinoza… Ces philosophes pratiquent des exercices spirituels pour se délivrer de la souffrance du monde. Leur effort de sagesse débouche sur le dépassement d'un moi partiel et égocentré, pour découvrir une réalité universelle, totale. Il s'agit d'une véritable conversion dans le sens où l'on s'éveille à un tout, une prise de conscience du moi immergé dans un cosmos qui éblouit et apaise. Mais la puissance de cette expérience dépasse le plus souvent les efforts de préparation. Le spirituel ne se laisse pas aisément manipuler. Dans le *Dialogue des Carmélites*, Bernanos met en scène une prieure qui présente toutes les caractéristiques d'un sommet de spiritualité, elle a médité les Écritures pendant de longues années. Au moment de mourir, la voici démunie, toutes ses pratiques sont balayées par la peur de cet

76. *Ibid.*, p. 23.
77. *Ibid.*, p. 51.

événement redoutable : « Hélas ! J'ai plus de trente ans de profession, douze ans de supériorat. J'ai médité sur la mort chaque heure de ma vie, et cela ne me sert maintenant de rien[78] !... »

C'est la limite du stoïcisme qui croit pouvoir dominer toute situation grâce à ce qu'il faut bien appeler des *techniques* spirituelles, face au bon sens qui reconnaît la dimension inattendue et parfois non maîtrisable d'un événement.

C'est ici qu'il faut laisser la place aux témoignages : la vie spirituelle est une expérience qui excède les mots, largement indescriptible, qui survient à des moments de grâce, inattendus. Une nuit, Éric-Emmanuel Schmitt se perd dans le désert du Sahara. Frigorifié, il s'enterre dans un « sarcophage de sable », le visage tourné vers le ciel. Là, il pense à la mort. Progressivement, sa conscience du danger, rationnelle, alerte, s'affaisse. Il ressent une force qui le soulève, qui tire ses membres aux dimensions de la montagne, du Sahara... Une paix l'envahit, le temps suspend sa course, une Joie incompréhensible le remplit, une lumière l'irradie, il ressent ne faire qu'un avec cette force, il comprend des réalités qu'il se sent incapable de traduire en phrases. Pour décrire cette expérience, il utilise des mots : « Tout a un sens », « Éblouissant », « Fulgurant », « Lumière croissante, insoutenable », « Feu », « Félicité[79] ». Il rattache cette expérience à une rencontre avec Dieu.

---

78. BERNANOS, *Dialogue des Carmélites,* Gallimard, Bibliothèque de la Pléiade, 1961, p. 1598.

79. Éric-Emmanuel SCHMITT, *La nuit de feu*, Albin Michel, 2015, p. 131 et suivantes.

Ces mots rappellent forcément la « nuit de feu » de Blaise Pascal à l'âge de 31 ans, qu'il raconte dans son *Mémorial*: « Certitude. Certitude. Sentiment. Joie. Paix... Joie, joie, joie, pleurs de joie. » C'est une expérience mystique *chrétienne*. Plus près de nous, cet autre témoignage d'André Comte-Sponville qui se dit athée, mais qui utilise les mêmes termes pour décrire son expérience spirituelle: à vingt-cinq ans, il se promène la nuit avec des amis le long d'un chemin forestier, dans une ambiance douce et apaisée, alors que les rires et les paroles se font plus rares, dans le silence paisible de la forêt, sous le ciel étoilé:

> « Et soudain... Quoi? Rien: Tout! Pas de discours. Pas de sens. Pas d'interrogations. Juste une surprise. Juste une évidence. Juste un bonheur qui semblait infini. Juste une paix qui semblait éternelle. Le ciel étoilé au-dessus de moi, immense, insondable, lumineux, et rien d'autre en moi que ce ciel, dont je faisais partie, rien d'autre en moi que ce silence, que cette lumière, comme une vibration heureuse, comme une joie sans sujet, sans objet (sans autre objet que tout, sans autre sujet qu'elle-même), rien d'autre en moi, dans la nuit noire, que la présence éblouissante de tout! Paix. Immense paix. Simplicité. Sérénité. Allégresse[80]. »

Ces témoignages présentent des similitudes remarquables, et il semble qu'on puisse y voir une réponse

80. André COMTE-SPONVILLE, *op. cit.*, p. 165.

à la souffrance des traumatisés qui, lors de leur convalescence, sont en quête d'une caresse pour leur âme, au moins aussi puissante que la souffrance qu'ils ont subie. La vie quotidienne post-traumatique, dans son humilité, peut donner le sentiment d'une médiocrité et même de dégoût si elle n'est pas *habitée* par une relation personnelle à l'absolu. La modernité se croit lucide en déclarant le monde désenchanté. C'est mal regarder : le discours désespéré sur le monde est pulvérisé par l'expérience sensible. La beauté d'une rose, des coraux, du ciel étoilé, est un enchantement pour ceux qui savent la goûter. Ne serait-ce que l'étonnement méditatif du philosophe devant cette évidence : « pourquoi donc y a-t-il de l'être plutôt que rien ? » L'être le plus banal donne lieu à une contemplation pour celui qui sait en reconnaître le mystère. Au-delà de la consolation qui garde une saveur compensatoire en allégeant le mal sans le détruire, l'expérience spirituelle a le pouvoir d'un feu qui irradie la totalité de la personne pour lui donner une intensité insoupçonnée. Ceux qui connaissent ces moments d'exception affirment combien ils ont bouleversé leur vie quotidienne, comment ils en ont modifié leur vision, comment ils ont ressenti un bonheur intense, sans pour autant se sentir différents du commun des mortels.

L'approche chrétienne

- La religion chrétienne et la *lectio divina*

Le mot religion a deux sens : celui de vertu *naturelle* et celui d'ensemble de croyances et de rites propres à une communauté. Le premier sens est celui de saint

Thomas d'Aquin qui conçoit la relation naturelle de l'homme à Dieu comme une relation de justice. Par *naturelle*, il faut entendre une relation indépendante de la Révélation. Pour lui, *naturellement*, l'homme peut découvrir Dieu et concevoir à son égard une relation de dette : ayant reçu de Dieu la vie et tout le bien que représente la Création, il est *naturel* de lui manifester sa reconnaissance sous forme d'un culte. C'est un acte de justice asymétrique, Dieu donnant plus que l'homme ne pourra jamais lui rendre. Cette gratitude de l'homme vis-à-vis de son créateur, Thomas d'Aquin l'appelle vertu de religion[81].

Le deuxième sens est le plus courant. On sort de la spiritualité accessible à tout homme – en principe – par le biais d'une recherche ou d'une expérience, on entre dans une dimension de foi, c'est-à-dire sur des connaissances et des pratiques réservées à une communauté qui les a adoptées de façon permanente.

Quelles sont les spécificités de la spiritualité chrétienne ? Sans entrer dans un exposé théologique, relevons quelques points clés dans notre méditation sur la résilience. D'abord, l'Évangile est une bonne nouvelle qui s'adresse à tous les hommes avec une préférence pour les plus faibles et les moins doués :

> « À cette heure même, [Jésus] tressaillit de joie sous l'action de l'Esprit Saint et il dit : "Je te bénis Père, Seigneur du Ciel et de la terre, d'avoir caché

81 Saint THOMAS D'AQUIN, *Somme Théologique*, IIa IIae, q 81.

> cela aux sages et aux savants, et de l'avoir révélé aux tout-petits[82]." »

Et Paul, dans la même veine, prévient ses disciples de ne jamais se considérer comme supérieurs du fait de leur foi :

> « Considérez, frères, qui vous êtes, vous qui avez reçu l'appel de Dieu : il n'y a parmi vous ni beaucoup de sages aux yeux des hommes ni beaucoup de puissants ni beaucoup de gens de bonne famille. Mais ce qui est folie dans le monde, Dieu l'a choisi pour confondre les sages ; ce qui est faible dans le monde, Dieu l'a choisi pour confondre ce qui est fort ; ce qui dans le monde est vil et méprisé, ce qui n'est pas, Dieu l'a choisi pour réduire à rien ce qui est, afin qu'aucune créature ne puisse s'enorgueillir devant Dieu[83]. »

L'accès à la vie spirituelle chrétienne n'est donc pas d'abord le fruit d'une sagesse, mais une grâce accordée à tous ceux qui reçoivent dans l'humilité le don de la foi.

Ensuite, la vie spirituelle chrétienne est une prière, au sens où Dieu se révèle à nous et attend de nous une réponse. Dans la Genèse, l'histoire d'Abraham commence par ces mots tout simples : « Dieu dit

82. Bible de Jérusalem, Lc 10, 21-24.

83. Traduction Œcuménique de la Bible (TOB), 1 Co 1,26-30.

à Abraham : pars de ton pays, de ta famille et de la maison de ton père vers le pays que je te ferai voir[84] ».

Abraham commence par obéir à Dieu. Une fois arrivé au pays de Canaan, Abraham lui dresse un autel et « l'invoque par son nom ». La vie spirituelle est un échange entre Dieu qui se révèle et l'homme qui veut répondre à cette initiative. On peut l'aborder à travers une pratique traditionnelle : la *lectio divina*.

La *lectio divina* est un exercice spirituel typiquement chrétien qui présente des ressemblances avec les exercices stoïciens, mais provient d'une tradition judaïque. Elle comprend 4 dimensions.

1 – La *Lectio.* La lecture était déjà un exercice stoïcien : « Nous ne savons plus lire[85] ! » s'exclame Pierre Hadot – c'est-à-dire nous arrêter, nous extraire de notre quotidien, prendre le temps de nous laisser imprégner par les textes qui parlent d'eux-mêmes ! Il considère à juste titre que c'est là un exercice spirituel difficile. Tout le monde n'est pas capable de dire comme saint Thomas d'Aquin : « Chaque page que j'ai lue, je l'ai comprise. » Avec humilité, Goethe reconnaissait que

> « les gens ne savent pas ce que cela coûte de temps et d'effort pour apprendre à lire. Il m'a fallu quatre-vingts ans pour cela et je ne suis même pas capable de dire si j'ai réussi[86]. »

84. TOB, Gn 12,1.
85. Pierre Hadot, *op. cit.*, p. 73.
86. *Ibid.*, p. 74.

L'anthropologue René Girard disait qu'on ne lit pas la Bible : c'est elle qui nous lit. La spécificité chrétienne est de voir dans la Bible les livres (*biblia* en grec signifie *livres*) qui révèlent en tout premier lieu ce que Dieu veut pour l'humanité. Lire la Bible suppose attention de l'esprit et du cœur, selon la *lectio divina* qui la rend de fait accessible à tous : les enfants, par exemple, sont impressionnants de compréhension spontanée, d'illumination aisée, d'images évocatrices. Des lecteurs nous précèdent – les Pères de l'Église, les conciles, les encycliques – et leur sagesse augmente la compréhension des textes difficiles, arbitre les interprétations les meilleures.

La *lectio* intéresse la résilience dans la mesure où en nous mettant en présence de Dieu, elle nous détourne de la morsure de l'épreuve. La méditation de pleine conscience telle que nous la présente par exemple Christophe André est une méditation *laïque*, qui commence par la prise de possession de soi, en orientant sa conscience vers sa respiration (respiration et spiritualité ont la même étymologie !), vers son corps, vers le temps présent, en prenant l'habitude de calmer son stress, d'augmenter sa concentration, d'apaiser ses émotions négatives… et le chrétien peut trouver ici une méthode pour se dégager du vacarme du monde et de ses soucis, pour ne pas dire de son traumatisme. La *lectio divina* est une mise en présence de Dieu à travers sa parole dans la Bible, mais il existe d'autres canaux, notamment la prière du cœur. Pierre Chaunu cite l'abbé Henri Brémond qui raconte cette jolie anecdote concernant la Mère de Ponçonas (1602-1657), institutrice de la Congrégation des Bernardines réformées en Dauphiné, qui est

> « révélatrice de l'étendue du plus pur mysticisme dans les montagnes du Dauphiné aux alentours de 1620 : il lui [Mère de Ponçonas] tomba entre les mains une pauvre vachère laquelle d'abord lui parut si rustique qu'elle crut qu'elle n'avait aucune connaissance de Dieu. Elle la tira à l'écart et elle commença de tout son cœur à travailler à son instruction… Cette merveilleuse fille la pria avec abondance de larmes de lui apprendre ce qu'elle devait faire pour achever son *Pater*, car, disait-elle, en son langage des montagnes "je n'en saurais venir à bout. Depuis près de cinq ans, quand je prononce le mot *Pater* et que je considère que… celui qui est là-haut, disait-elle, en levant le doigt, que celui-là même est mon père… je pleure et je demeure tout le jour en cet état en gardant mes vaches[87]". »

Même idée chez sainte Thérèse de Lisieux, qui veut aller à Jésus directement sans gravir les marches du « rude escalier de la perfection[88] » : « Ô Jésus, prenez-moi dans vos Bras et élevez-moi » :

87. Pierre Chaunu, « Le XVIIe siècle religieux. Réflexions préalables », *in Annales. Économies, sociétés, civilisations*, 22e année, nº 2, 1967. p. 279-302 ; doi : https://doi.org/10.3406/ahess.1967.421521, https://www.persee.fr/doc/ahess_0395-2649_1967_num_22_2_421521, p. 281

88. Sainte Thérèse de l'Enfant Jésus, *Histoire d'une âme*, (Ms C, 3r).

> « Nous sommes dans un siècle d'inventions ; maintenant, ce n'est plus la peine de gravir les marches d'un escalier ; un ascenseur le remplace avantageusement. Moi, je voudrais trouver un ascenseur pour m'élever jusqu'à Jésus, car je suis trop petite pour monter le rude escalier de la perfection. Alors j'ai recherché dans les Livres Saints l'indication de l'ascenseur ; et j'ai lu ces mots : "Si quelqu'un est tout petit, qu'il vienne à moi" (Pr 9,4). Alors je suis venue, devinant que j'avais trouvé ce que je cherchais. Et voulant savoir, o mon Dieu, ce que Vous feriez au tout-petit qui répondrait à votre Appel, j'ai continué mes recherches et voici ce que j'ai trouvé : "Comme une mère caresse son enfant, ainsi je vous consolerai, je vous porterai sur mon sein, je vous balancerai sur mes genoux" (Is 66,13). Ah, jamais paroles plus tendres, plus mélodieuses ne sont venues réjouir mon âme ; l'ascenseur qui doit m'élever jusqu'au ciel, ce sont vos Bras, o Jésus ! Pour cela, je n'ai pas besoin de grandir, au contraire, il faut que je reste petite, que je le devienne de plus en plus. Ô mon Dieu, Vous avez dépassé mon attente ! Je veux "chanter vos Miséricordes" ! (Ps 88,2). Ainsi soit-il. »

Elle utilise l'image de l'ascenseur qui nous élève sans effort vers Dieu et nous obtient tout de suite ce à quoi les sages accèdent généralement par de laborieux efforts. Quand elle est vécue dans toute son amplitude, cette mise en présence plonge celui qui la pratique dans l'essentiel de la vie trinitaire, dans sa relation à Jésus, elle lui fait prendre conscience de son centre de gravité spirituel, aimanté par la présence divine. Cette rencontre est salutaire, elle relativise l'épreuve, et rétablit la personne dans son unité et son salut.

2 – La *Meditatio*. Après la *lectio*, la *meditatio* est assimilation en profondeur de ce qui a été lu et compris. Elle est recherche, approfondissement, lente maturation, *manducation* dirait le père Marcel Jousse, car il s'agit de goûter la parole de Dieu, de la laisser opérer son œuvre.

> « La pluie et la neige qui descendent des cieux n'y retournent pas sans avoir abreuvé la terre, sans l'avoir fécondée et l'avoir fait germer, donnant la semence au semeur et le pain à celui qui doit manger ; ainsi ma parole, qui sort de ma bouche, ne me reviendra pas sans résultat, sans avoir fait ce qui me plaît, sans avoir accompli sa mission[89]. »

Elle est aussi quête : sainte Thérèse de Lisieux cherche à confirmer sa petite voie symbolisée par l'ascenseur.

> « Alors j'ai recherché dans les Livres Saints l'indication de l'ascenseur ; et j'ai lu ces mots : "Si quelqu'un est tout petit, qu'il vienne à moi" (Pr 9,4)[90]. »

89. TOB, Is 55,10-11.
90. TOB.

La « petite voie » était née. La *meditatio* est à la fois concentration, recherche active et lâcher-prise, déambulation intérieure des phrases qui parlent à notre cœur, nous éclairent, nous inspirent. Le contenu de foi déclenche la méditation des *mystères*, dont la lumière reste cachée, secrète, qui demande un temps long et une attention, que Simone Weil assimile à la prière. La *lectio* est déclenchement, la *meditatio* est approfondissement qui n'est pas purement cérébral, tout le corps et les émotions y participent.

3 – L'*Oratio*. Cette mise en contact avec Dieu se poursuit par une rencontre intime. « Je l'avise et Il m'avise », disait un paysan de son église au Curé d'Ars, devant le Tabernacle qui abritait la présence du Christ. La crainte ressentie devant la Sainteté de Dieu et son immensité, est comme brûlée par l'oraison : ce « commerce intime d'amitié où l'on s'entretient souvent seul à seul avec ce Dieu dont on se sait aimé[91]. » Car la foi chrétienne nous introduit à un Dieu qui nous aime, réalité spirituelle fondamentale pratiquement inaccessible à l'humanité sans la Révélation : au scribe qui lui demande quel est le commandement le plus important, Jésus, reprenant le *Sh'ma Israël* répond :

> « Voici le premier : *Écoute, Israël : le Seigneur notre Dieu est l'unique Seigneur. Tu aimeras le Seigneur ton Dieu de tout ton cœur, de toute ton âme, de tout ton esprit et de toute ta force.* Et voici le second : *Tu*

91. C'est la définition de l'oraison de sainte Térèse d'Avila.

> *aimeras ton prochain comme toi-même.* Il n'y a pas de commandement plus grand que ceux-là[92]. »

Et l'apôtre Jean de préciser :

> « Voici ce qu'est l'amour : ce n'est pas nous qui avons aimé Dieu, c'est lui qui nous a aimés et qui a envoyé son Fils en victime d'expiation pour nos péchés. Mes bien-aimés, si Dieu nous a aimés ainsi, nous devons, nous aussi, nous aimer les uns les autres[93]. »

Cette incroyable révélation de l'amour de Dieu pour toute l'humanité et pour toute personne peut évidemment être une grande aide pour celui ou celle qui a vécu un traumatisme. Si l'acte de foi ouvre le cœur à un Dieu d'amour et de compassion, une relation fervente de prière et d'oraison avec lui apaise et nourrit l'âme en lui faisant expérimenter la communion avec Dieu et avec notre prochain.

4 – La *Contemplatio*. Si l'oraison est le sommet de la vie spirituelle, la contemplation en est le fruit. Le cœur à cœur débouche sur une plénitude qui se passe de mots, un regard intérieur simple rempli de joie et de paix. Le cœur est illuminé, on ressent un accomplissement silencieux. Le sommet de la spiritualité chrétienne n'est jamais une fusion dans le grand Tout, mais une communion dans laquelle la personne, tout

92. TOB, Mc 12,29.
93. TOB, 1Jn 4,10.

en s'unissant à Dieu, garde sa singularité pour devenir comme Lui :

> « Bien-aimés, dès maintenant, nous sommes enfants de Dieu, mais ce que nous serons n'a pas encore été manifesté. Nous le savons : quand cela sera manifesté, nous lui serons semblables, car nous le verrons tel qu'il est[94]. »

- L'enseignement de l'Évangile

Il semble d'abord assez évident que l'entourage de Jésus a vécu une épreuve redoutable lors de sa Passion :

> « La secousse provoquée par la passion fut si grande que les disciples (tout au moins certains d'entre eux) ne crurent pas aussitôt à la nouvelle de la Résurrection. Loin de nous montrer une communauté saisie par une exaltation mystique, les Évangiles nous présentent les disciples abattus ("le visage sombre" : Lc 24,17) et effrayés[95]. »

Peut-on vraiment parler de traumatisme à propos de la Passion de Jésus ? Oui, si l'on en juge l'intensité des souffrances endurées : son Agonie, la flagellation, le couronnement d'épines, les insultes, le portement de la Croix, la crucifixion… Non, si l'on associe au traumatisme le « déraillement » du cerveau dont parle souvent

94. TOB 1Jn 3,2.
95. *Catéchisme de l'Eglise catholique*, Mame Plon, 1992, n° 643.

Boris Cyrulnik[96]. Même au comble de la déréliction, Jésus n'a pas *déraillé*, il garde une relation mystérieuse à son Père :

> « Nous ne cesserons jamais d'explorer la profondeur abyssale de ce mystère. Toute l'âpreté de ce paradoxe se manifeste dans le cri de douleur, apparemment désespéré, que Jésus fait entendre sur la Croix : "'Éloï, Éloï, lama sabactani ? ' [...] Chers Frères et Sœurs, le cri de Jésus sur la Croix n'exprime pas l'angoisse d'un désespéré, mais la prière du Fils qui offre sa vie à son Père dans l'amour, pour le salut de tous. Au moment où il s'identifie à notre péché, 'abandonné' par son Père, il 's'abandonne' entre les mains de son Père. Ses yeux restent fixés sur son Père[97]." »

Marie, Mère de Jésus, n'est pas non plus ensevelie dans la douleur, même si elle traverse une « nuit de la foi[98] » et que la souffrance insondable de son Fils bien-aimé est une épée qui lui transperce l'âme[99].

---

96. Voir, par exemple, Marc Olano, *Traumatisme et résilience,* Sciences humaines : « Cyrulnik distingue deux types d'événements auxquels peut être confronté l'enfant : l'épreuve et le trauma. Dans l'épreuve (lors de la perte d'un grand-parent par exemple), l'enfant est chamboulé, mais parvient à maintenir l'équilibre. Lors du trauma cependant (abus sexuels ou violences répétées, par exemple), son cerveau déraille. L'amygdale, le noyau émotionnel, flambe. La partie préfrontale et ses facultés d'anticipation s'éteignent. L'enfant est hébété, sidéré par le malheur. »

97. Jean-Paul II, Lettre apostolique au terme du Grand Jubilé de l'an 2000, *Novo Millennio ineunte*, n°s 25-26.

98. Jean-Paul II, Lettre encyclique *Mater Redemptoris,* n° 17.

99. TOB, Lc 2,34-35.

> « Pendant toute sa vie, et jusqu'à sa dernière épreuve, lorsque Jésus, son fils, mourut sur la Croix, sa foi n'a pas vacillé. Marie n'a pas cessé de croire 'en l'accomplissement' de la parole de Dieu. Aussi bien, l'Église vénère-t-elle en Marie la réalisation la plus pure de la foi[100]. »

À l'inverse, il est probable que la conscience des disciples ait d'abord été affolée devant les événements qui semblaient totalement leur échapper. Désemparés, ils fuient[101] et abandonnent Jésus, désormais aux mains de ses ennemis. On peut facilement imaginer qu'ils ont dû ressentir la honte et la culpabilité en plus de la peur de subir le même traitement que leur maître. L'échec de Jésus avait l'air si évident, si massif, si terrible que leur abattement ne devait pas favoriser la reconnaissance du Ressuscité. Devant ses disciples encore effrayés par la Passion et recherchés comme complices par les autorités, Jésus répète par deux fois son message de paix[102], et souffle sur eux l'Esprit Saint en disant : « La Paix soit avec vous. Comme le Père m'a envoyé, à mon tour je vous envoie », et « Recevez l'Esprit Saint ; ceux à qui vous remettrez les péchés, ils leur seront remis. Ceux à qui vous les retiendrez, ils leur seront retenus[103]. »

Ce double message de paix ne comporterait-il pas une dimension de guérison ? De fait, la peur panique qui a fait fuir les disciples dès le début de l'arrestation

---

100. *Catéchisme de l'Eglise Catholique*, *op. cit.*, n° 149.

101. TOB, Mt 26,56 ; Jn 16,32.

102. JEAN-PAUL II, Audience générale du mercredi 31 mai 2000, n° 3, où Jn 20,19-23 est commenté.

103. TOB, Jn 20,22-23.

de Jésus – et qui pousse Pierre à le trahir – va se transformer en témoignage éclatant, que l'on peut suivre au fur et à mesure des *Actes des Apôtres.*

Il y a ici un point d'ancrage sur ce que l'on peut appeler une résilience proprement chrétienne. Après sa Résurrection, Jésus reproche aux Apôtres leur incrédulité « et la dureté de leur cœur, parce qu'ils n'avaient pas cru ceux qui l'avaient vu ressuscité[104]. » La foi est un don de Dieu qui ouvre le cœur à son salut, même dans la pire des épreuves. Vouloir croire et ne pas fermer son cœur semble être la seule attitude humaine possible pour laisser agir cette grâce que l'on ne maîtrise pas. « Espérer contre toute espérance[105] » est la qualité que saint Paul attribue à Abraham qui a cru Yahvé dans l'obscurité la plus complète. Et le psalmiste d'affirmer : « J'avais dit : "Les ténèbres m'écrasent ! ", mais la nuit devient lumière autour de moi. Même la ténèbre pour toi n'est pas ténèbre, et la nuit comme le jour est lumière[106] ! »

Croyant se libérer de toute illusion, nos contemporains sont allés très loin dans l'abîme du désespoir, en affrontant le néant comme seule issue lucide. De fait, l'espérance est une vertu fragile et discrète qui ne peut pas rivaliser avec l'évidence du malheur. On connaît le mot de Péguy : « Ce qui m'étonne, dit Dieu, c'est l'espérance. Et je n'en reviens pas. Cette petite espérance qui n'a l'air de rien du tout. Cette petite fille espérance. Immortelle. »

104. TOB, Mc 16,14.
105. TOB, Rm 4,18.
106. TOB,Ps 138.

C'est quand tout semble perdu qu'elle donne sa mesure, alors que toute opposition est vaincue, que le combat s'achève, que l'avenir se ferme. Reste alors cette lumière infime, cette graine de moutarde qui vient d'on ne sait où, de Dieu forcément, inattendue, inespérée… comme une résurrection.

L'espérance chrétienne ne croit pas *n'importe quoi.* Elle croit qu'un meilleur reste toujours accessible face au pire, que l'Esprit possède ce pouvoir de le rendre victorieux si on le laisse agir, car Il souffle où il veut, quand il veut. Comme Abraham a cru que la bénédiction de Dieu se réaliserait en partant vers la terre de Canaan, l'espérance chrétienne croit que Dieu guide l'humanité vers son achèvement. Même les menaces écologiques, les guerres, les injustices criantes n'empêcheront pas le règne de Dieu de se réaliser.

Dans ce pèlerinage sur terre, la souffrance, l'épreuve est inévitable. Ce point mérite une précision. « Inévitable » ne signifie pas que la souffrance sauve, ou qu'elle doit être recherchée, encore moins que la bonne attitude soit de s'y complaire. La souffrance est l'expérience d'un mal, la privation plus ou moins intense d'un bien. Le dolorisme attribue à la souffrance une haute valeur morale : on la recherche pour elle-même parce que l'on croit faussement qu'elle grandit et même, qu'elle sauve. Si la souffrance apporte quelque chose, c'est toujours d'une manière indirecte, comme malgré elle. On peut souffrir d'un échec, mais en même temps en tirer profit, apprendre à mieux se positionner, clarifier ses intentions et finalement en ressortir grandi. Une chose est de tirer profit d'un échec, autre chose de rechercher la souffrance. On peut être brisé par un échec amoureux, puis avec le temps, descendre en soi-même, mieux se connaître, faire tomber les résistances qui nous empêchaient de voir clair dans notre relation… Ce n'est pas la souffrance qui grandit, mais elle nous oblige à chercher au fond de nous, la vie qui réagit face à elle.

La spiritualité chrétienne a ceci de particulier qu'elle ne cherche pas à se débarrasser d'une souffrance inévitable. « Jésus nous a dit : "Que celui qui veut marcher derrière moi prenne sa croix." Il n'a pas dit "prends ta morphine pour bien dormir[107]." »

Depuis la Passion du Christ, la souffrance peut devenir un lieu malgré elle de la manifestation de l'amour de Dieu[108]. La mort du Christ sur la Croix est un paroxysme d'échec et de désolation, « scandale pour les Juifs » et « folie pour les païens ». C'est précisément sur cette épreuve suprême que s'établit le salut du monde[109]. Non pas un salut qui restituerait la situation d'avant, comme par magie, ni une consolation

107. Pape François, *Le pape aux jeunes : « L'accueil c'est une croix, mais une belle croix »*, Zenit, https://fr.zenit.org/2016/07/02/le-pape-aux-jeunes-laccueil-cest-une-croix-mais-une-belle-croix/.

108. Cf. cardinal Ratzinger, *conférence du 10 décembre 2000 sur la Nouvelle Evangélisation* : « La croix appartient au mystère divin – elle est l'expression de son amour jusqu'à la fin (Jn 13,1). Suivre le Christ est participer à sa croix, s'unir à son amour, transformer notre vie, en donnant naissance à l'homme nouveau, créé selon Dieu (cf. Ep 4, 24). Celui qui oublie la croix oublie l'essence du christianisme (cf. 1Co 2,2). »

109. Benoît XVI, Audience générale du Mercredi 29 octobre 2008 : « Le « scandale » et la « folie » de la Croix se trouvent précisément dans le fait que, là où il semble n'y avoir qu'échec, douleur, défaite, précisément là se trouve toute la puissance de l'Amour infini de Dieu, car la Croix est expression d'amour et l'amour est la vraie puissance qui se révèle justement dans cette faiblesse apparente. »

qui troquerait une récompense contre une souffrance détestable, mais une transformation, une *conversion* qui plonge dans la bonté mystérieuse de Dieu.

L'épreuve est donc à la fois inévitable et limitée, elle reste malgré tout infiniment moins puissante que l'amour de Dieu. Paul affirme que rien ne pourra jamais nous séparer de l'amour de Dieu, « ni la mort, ni la vie, ni les anges, ni les esprits, ni le présent, ni l'avenir, ni tous ceux qui ont un pouvoir, ni les forces d'en haut, ni les forces d'en bas, ni toutes les choses créées ».

Cette espérance, inacceptable pour le monde, est la promesse d'une résilience finale. Comment la comprendre ? Peut-on imaginer une résilience pour ceux qui ont vécu Auschwitz ? Est-il décent d'imaginer pouvoir récupérer quelque chose de l'horreur insondable vécue par ses victimes ? Peut-on faire autre chose que les considérer comme pertes et profits de l'Histoire ? Ici s'arrêtent les mots et commence la foi pure devant le mystère d'iniquité. L'aveu d'ignorance sur ce qu'est la Providence n'empêche pas d'y croire, mais de la décrire. Le chrétien est porteur d'une espérance malgré tout, grâce à Celui qui dit « J'ai vaincu le monde ».

Conclusion

Le phénix

« Le phénix est un oiseau d'Arabie tel qu'il n'en existe pas plus d'un seul dans le monde entier : il est bien grand comme un aigle, mais il a une crête de chaque côté sous la mâchoire, et les plumes, tout autour de son cou, brillent comme de l'or fin d'Arabie : mais plus bas, le reste du corps jusqu'à la queue est de couleur rose. Et des gens disent qu'il vit cinq cent quarante ans, et d'autres affirment que sa vie dure bien mille ans et plus : mais la plupart des gens disent qu'il vieillit en l'espace de cinq cents ans. Et quand il a vécu tout ce temps, sa nature l'avertit et l'attire vers la mort. Et pour retrouver la vie, il s'en va auprès d'un arbre délicieux et au parfum délectable : il fait un petit amas de ses branches et y met le feu, puis il pénètre dans ce bûcher juste au moment où se lève le soleil. Et une fois qu'il est brûlé, ce même jour, il sort de sa cendre un petit ver doué de vie : le second jour après naissance, il ressemble à un petit oisillon ; au troisième jour, il est devenu

> aussi grand et fort qu'il doit l'être, et il s'envole aussitôt vers le lieu où se trouve sa demeure[1]. »

Ces mots du philosophe florentin, Brunetto Latini au XIIIe siècle font facilement comprendre que le phénix peut devenir l'emblème de la résilience. Le Moyen Âge chrétien y voyait le symbole de la résurrection du Christ, mais la présence de cet oiseau merveilleux dans de très nombreuses civilisations en fait un symbole universel de résurgence cyclique et d'immortalité. On situe son origine en Égypte, tout particulièrement à Héliopolis : la mythologie raconte que le soleil s'est levé la toute première fois sous les traits du *benou*, le héron qu'Hérodote appelle Phénix. On le retrouve dans les légendes juives, en Chine, à Rome, dans la mystique musulmane. Oiseau fabuleux plus beau encore que le paon, il cristallise la méditation de l'humanité qui conjugue sa condition éphémère avec son immortalité entrevue. Consumé, l'oiseau renaît de ses cendres. La mort est pour lui un passage, une re-naissance. La résilience n'est-elle pas effectivement la mort d'une partie de nous-mêmes et la naissance à une nouvelle vie ? Ne préfigure-t-elle pas notre mort comme la naissance à une nouvelle vie, demeurée encore secrète ? « En vérité, en vérité, je vous le dis, si le grain de blé qui est tombé en terre ne meurt pas, il reste seul ; mais, s'il meurt, il porte beaucoup de fruit[2]. »

---

1. Brunetto Latini, traduction par Gabriel Bianciotto, *Le Livre du Trésor*, livre I, CLXIII.
2. TOB, Jn 12,24.

Table

PAPIER CERTIFIÉ

Achevé d'imprimer par
NOUVELLE IMPRIMERIE LABALLERY,
en janvier 2024,
N° d'imprimeur : 312172

Dépôt légal : février 2024

Imprimé en France